心一堂術數古籍珍本叢刊

書名：批注地理合璧附玄空真訣（四）
系列：心一堂術數古籍珍本叢刊　堪輿類　第三輯　337
作者：【清】于楷、章仲山、溫明遠原輯撰；【民國】朱紫君輯校；【民國】霜湘批注
主編、責任編輯：陳劍聰
心一堂術數古籍珍本叢刊編校小組：陳劍聰　素聞　鄒偉才　虛白盧主　丁鑫華

出版：心一堂有限公司
通訊地址：香港九龍旺角彌敦道六一〇號荷李活商業中心十八樓〇五—〇六室
深港讀者服務中心·中國深圳市羅湖區立新路六號羅湖商業大廈負一層〇〇八室
電話號碼：(852)9027-7110
網址：publish.sunyata.cc
電郵：sunyatabook@gmail.com
網店：http://book.sunyata.cc
淘寶店地址：https://sunyata.taobao.com
微店地址：https://weidian.com/s/1212826297
臉書：https://www.facebook.com/sunyatabook
讀者論壇：http://bbs.sunyata.cc/

版次：二零二一年三月初版
平裝：四冊不分售

定價：港幣　九百八十元正
新台幣　三仟九百八十元正

國際書號：ISBN 978-988-8583-63-8

香港發行：香港聯合書刊物流有限公司
地址：香港新界荃灣德士古道二二〇—二四八號荃灣工業中心十六樓
電話號碼：(852)2150-2100
傳真號碼：(852)2407-3062
電郵：info@suplogistics.com.hk
網址：http://www.suplogistics.com.hk

台灣發行：秀威資訊科技股份有限公司
地址：台灣台北市內湖區瑞光路七十六巷六十五號一樓
電話號碼：+886-2-2796-3638
傳真號碼：+886-2-2796-1377
網絡書店：www.bodbooks.com.tw
台灣秀威書店讀者服務中心：
地址：台灣台北市中山區松江路二〇九號一樓
電話號碼：+886-2-2518-0207
傳真號碼：+886-2-2518-0778
網絡書店：http://www.govbooks.com.tw

中國大陸發行　零售：深圳心一堂文化傳播有限公司
深圳地址：深圳市羅湖區立新路六號羅湖商業大廈負一層〇〇八室
電話號碼：(86)0755-82224934

心一堂微店二維碼

心一堂淘寶店二維碼

七

蕉窻問答

蕉窻問答條註

平地元言 摘録

羅經用針說

一卦三山陰陽說

楊盤挨星說

挨星歌訣

附挨星辨？

地理辨正錄要合璧

續直解悉遵原刊 露湘

己巳春朱壽朋題

地理合璧題詞

聖賢大道此為首端救濟良策修齊偉觀
兩間造化二氣旋盤潛心研究祕法聿完
此道通曉物阜民安邦家之光美哉斯刊

戊辰冬至紫客撰句 朱壽朋書

地理合璧錄要卷之七

蕉窗問答序

凡地理書類皆生旺黃泉毫無源本否則大小元空四經宗廟尤屬不經其有能得宗旨者則又含糊隱約引而不發無惑乎堪輿一道日就荒謬也獨驥江鄭氏蕉窗問答一卷其正文條註於山平之體用作法可稱詳盡凡前人所隱秘者指實直陳不留餘義讀之而暗室生光眞地學中之金針也得是書而諸書可廢矣爰删其小註之繁蕪者錄而刻之

嘉慶壬戌日躔鶉首之次蘭林于楷序

地理錄要卷七目次

地理合璧錄要卷七

蕉窗問答

驪江鄭熊西載著　秀水于楷端士輯

上海朱之翰紫君校

戊申春西來自鍾山抵華陽道荆溪而北次毘陵館於東臯沈氏之漫園客有業岐黃者與余劇談南幹山水之奇更爲閱舊扦衰盛歷歷不同之應頗可徵信因進而請曰予二人者之專所業也小道耳俱藉以濟世然醫活一人而已葬則數代之榮枯係焉陰

陽之秘元妙之理性悖遇恐不可驟曉願聞其略予以略涉此道古籍未淹無以饜所聞且臆說頗多行剌謬於時賢欲遂默息而客不可以已也乃抒所有以直陳曰醫之與葬異道也之死而致生之義頗同願即因子之術以明之可乎今夫燦然而可觀者天文隱然而難測者地理也是有脉焉六則攸分有運焉三元攸辨脈分運辨葬地之善經也而愚以為不可不先知葬天是何也大地一人身也氣週於身達乎脈經行有六陰數三陽數三厥陰太陰少陰沈而在裏太陽陽明少陽

浮而在表地亦如之是故高山一墩阜一平岡一脈行一線氣多沉爲陰平洋一平陽一平原一脉行一片氣多浮爲陽醫辨經而投劑葬辨則而用法劑不可以悞投法顧可以亂用乎哉高山也墩阜也勢隆起體屬陰法取陰中之陽故穴必窩坦而後必坐高高則秀而壽低則愚而夭平洋也平陽也勢窩坦體屬陽法取陽中之陰故穴必隆起而後必坐低低則秀而壽高則愚而夭坐高者砂亦高高而關風者丁旺漏則丁衰山阜之砂左缺絕長右缺絕幼又有砂低穴高淺開上半有蟻深開下半無蟻者上漏風

下關風也坐低者砂亦低低而通風者丁旺蔽則丁衰平洋平陽貼穴左高絕長右高絕幼遠高抱穴反吉旁高隔水無妨是四則者陰陽正以相反而為用者也間有山阜氣旺石脈不關漏風而有丁者間有平洋後高吉水相救而有丁有秀者相反之中亦參活法至若平岡則後多坐實平岡起頂出脈與山穴同則後必坐窆間有坐虛而發平原則後多坐虛間亦坐窆而與法以脈之闊者屬陽而穴于東小之處陽中以取陰脈之狹者屬陰而穴於舒放之處陰中以取陽至如左右砂之遠近高低邊有邊無活看為宜無砂一邊必有水抱故曰水纏即是砂纏亦有下砂高大逆關穴前之去水上砂低薄現出來水照穴者與山

（皐之關風稍異）則以此二則者介乎陰陽之交又以相兼而為用者也然尚有其變而用之者矣合而用之者矣而六則神明之法又於是焉起故有高山墩阜結于湖心江畔者則兼收水法之照神（幹龍正結每襟大江而帶湖力量宏大較深山之水之處結作精神更加數倍水論三元之衰旺照神大者力勝于龍墓之興廢半由于水）有平洋平陽落在墩岡山側者則兼消星峰之砂法有山隈石盤而用平陽浮法者（陰石外隆堅不可鋤陽石中凹有罅可鑿當隨穴深淺下之其氣眞穴的而石平如鏡者培土攢葬大發）有平原氣厚而用高山沉法者（土厚界深故也）其平岡則多結水濱（跌落平岡多結于水交砂會之

離山十丈作平陽

處平陽亦間生山麓（目講師曰離山十丈作平陽）又或平陽匾墩與平岡相類或平岡穴闊界淺舍水就局與平洋平陽相類（亦須培土結盤藉以成星住氣陽中得陰方成吉穴平中有突客水無侵經所謂聚之使不散也）或先天平陽無脊脈而有臺盤者與平岡平原相類（平地生成高土方圓成象生氣多歸邊角但無脈證龍無砂證穴故亦同于平陽）或靜水平洋低田深路兩邊闕界者與平原相類（池沼爲靜田路低深三尺者即作水推）種種不一活法相參此正如病之陰陽合併而劑之溫涼並用者也乃亦有按經投劑而病不時痊辨則扞塋而初難召福者何哉氣未詳乎八

卦而運不準乎三元也原夫萬彙根柢統於河洛圖圓經天配天干以十數積而造歷書方緯地佈地支於九宮週而紀運上元一統黑碧佐治中元四統五六鼎峙下元七統八九迭制龍水互看短長遞次九曜旋飛吉凶環致喉舌之司令星是恃此乃地學之科律雖管郭無以易而株守雙山者不此之究第區區爲就祿迎官之向爰定百年之局以倖長祥卒乃吉凶爽應兼之興廢推遷或朝生而嗣續猶艱或會旺而盈寧鮮慶或一身而前後不齊或再世而凋榮

適別而人已訝其術之疎矣夫孰知閫閾衡茅固莫不聽于三元之遞嬗而疊爲隆替也耶試觀冰紈輕擧俄委置于秋風狐白重溫旋卷藏于夏日用與時違物尙有然矧此脈乘龍水必隨天運而旋轉靈光氣感陰陽豈能背地運而倖邀福庇乎哉夫脈旣分乎六則運又辨乎三元若業岐黃經絡明時令協爕理陰陽保合太和其亦庶乎其可矣然而分量輕重之不中於度炮製生熟之不適其宜活人者未必不有時不驗也自是而相地之法且更有進穴分上下

左右葬分淺深浮沉界深宜沉界淺宜浮向分偏正饒減憑唇就界
緩急吞吐砂分增削高低以及羅圍之大小厚薄臺盤之
凹凸方圓塚墩之木金火土或出水或關風或迎生
或化煞隨地而異用究精而殫微是亦炮製之合宜
而分量之不爽也矣夫金以治而良玉以琢而寶錦
以製而衣雖有珍錯烹飪不和不能以得味雖有良
材樸琢不工不可以成器百物之生於天也苟可利
用皆須人事以成之况夫名山巨區結而為球融而
為暈乃大造陰陽摩盪於萬億千年留之以有待者

特其氣盛而勢躚形龐不可以繩尺拘奈何乏之區處之用缺條理之宜廢先賢之矩矱而道其所道哉是以砂水縈盤恆藉曾楊之手眼參荅具備咸推盧扁之刀圭至道融通是萬是一此其最深切而著明者第醫調弱質以扶元為本而葬返游魂以乘生為急鳳翥鸞翔此形象之生氣也斷斷續續起起伏伏左棲右閃陽變陰化乃形家入手之先務得令當元此運會之生氣也統論六十年大運為當元細分二十年小運為當令而尤必以葬天之大生氣為堪輿第一義今夫庶物露生大都甲拆於土膚種太深者其苗不出葬太深者其嗣

必絕。土膚之上空而陽者爲天其下實而陰者皆地萬
物逢陰則殺逢陽以生乘生氣者乘陽氣也乘陽氣
者乘天也氣天也形地也龍與穴之高也形隨氣起
地上交天而天下包地也堂與界之低氣隨形陷天
下交地而地上包天也葬也者藏也藏于天地交之
中也欲識地中所含之天宜見天中所含之地內以
含天其象坎也外以含地象則離也是故高山之地
脈由巔降上穹而下坦葬多沉然必界空砂衞環以
天陽昭曠乃來若巒頑一片則陰煞結矣墩阜之地

氣自地升下伏而上行、其立穴也沉以七浮以三扦必邊唇肥厚高出衆畦、（釜中炊飯火下盛者上沸如漚墩阜之脈類是）用虛其三面之天、否則兩界不明、而生氣莫即、平岡之地、橫行扁闊、（田龍起脊脈乘一線者皆平岡也人多以平陽概之悞矣）浮沉宜半、（宜半培浮土以捍禦客水成星住氣）雖大江南北、山左山右、地有廣狹厚薄之不同、然必兩畔低空、界神清澈、（地界大河為上界小河次之界田原乾流砂生本身又次之大略如此亦有內界田原外界河流者尚須活看）前有小堂凹陷餘氣層低、穴以三面之天、不得沒界穿堂・致浸客水、（平岡界淺有全浮而大發者土色不拘也若泥于土色而過深反爲吉地之殃矣）此三陰

之地之上葬乎天者也、穴星小巧且居心扁大純陽絃上尋木節金邊并土角空靈扦點自清眞
平洋之地脈以局收、局以水定、親離作坎貼艮作坤之類
圓界環龍。曲水引氣。培穴濱河天光浮動、近水葬深丁亦絕陽
須扶起作陰盤大都三丈而近、二丈而遙、故曰龍胎雖固稱
人心遠、水安攻死氣侵、沾着水痕扦貼肉陰陽交度
自生春、要之穴雖臨下而坐必居高、泪洳之場、奚堪
瘞玉、立穴近河而親旺氣方妙若親煞氣照見水光便多敗絕左應長房右應小房中應中男經曰公位若然見逆龍男女失其踪
平陽之地、中無落脈、與平岡異、外鮮
環流、與平洋又異、其地衍以敷、氣四達而不守、道在

培土成星、（必須有局方可培星下穴）置棺其上、使游走之氣、遇星而結、平中一突、籠聚天陽、薰蒸磅礴、由表而達、是其培也、高不過二三尺、闊不過四五丈、稍或踰數、名浮寔沉、地多天少、行將冷退、而丁稀、至若平原之地、形厚氣豐、北郡爲多、立穴恆在高坪、其通天之法、後坐低空、前親堂局、旁倚乾流、道雖畧近平陽、而一尺以高其象山、一尺以低其象水、（蔣公曰江北中條平地龍无山切莫強尋踪乾流隱隱看眞水葬法寔與江河同）實係先天所定、非若平陽一則就局親砂、或藉人工挑築而成也、（北地之隱隱隆隆起一線之脊脈者皆屬）

平岡其坦平一片之氣有乾流格界者則平原也而葬法則與平洋平陽同而沉浮各異此三陽之地之上葬乎天者也原夫人之始生十月而形乃全及其終也亦十月而生炁乃盡葬也者藏也藏於天地交之中也引陽之義也是故天子七月而葬諸侯五大夫三士庶踰月大約月不過十以乘生也父天也母地也誕乎母還乎地假地靈以攝天陽蓋欲乘生炁之未盡反其天而復入於枯骨也故曰引陽之義也照之以日月臨之以星辰和之以風雨爲之聚其秀靈而通其天地此孝子之意也若夫沉陰偏

閉（內則深陷水坑）密篠叢林（外則陽和掩蔽）寒日淡於外寂寞夜臺泉侵蟻蝕體魄如斯氣感何來是以六則之穴寧就於陽浮出界水之上無失之陰沉入界水之下（三陰之地）（開見龜魚生氣等物或有異土香如檀桂者皆穿過界水所致龍力必然頓損）蓋育仁賢者蔭陽和繁醜類者受陰慘（凡得龍得穴而葬骨過深雖發富貴亦鮮賢良）邵子曰幽暗巖崖生鬼魅清平原野見鸞凰此固天地自然之理不可不知也（凡陽宅尤喜明亮屋有幽深暗黑者每多鬼祟陰宅可以類推）客喜而笑曰允矣至道乃今得以聞所未聞也抑吾聞之尋龍十里易點穴一時難頭所開示者詳矣

而扦穴之傳、未經指授、願子之更有以示僕而盡洩之也、予曰然、不究乎穴、無爲貴葬矣、大抵來龍千里、要歸八尺、脈狹棺多葬之不吉故曰以氣勝棺則久以棺勝氣則傷八尺者冲陽和陰、至精至粹之生氣也、急硬中氣暴未和當求離閃粗突處陰重無陽定是旁行故曰落脉隱微知氣旺來情顯露定虛花又曰二吉多因生巧出四凶只爲拱粗強有如地上交天、多成乳突而爲陰、純陰不化不可以穴、或生凹壓、或生口唇而陰中之少陽見矣、眠體者自狹而闊立體者自峻而平坐體者自覆而仰皆陰化陽也天下交地、多作窩鉗而屬陽、純陽不變、不可以穴、或生毡塊、或生稜弦而陽中之少陰

見矣、自闊而狹自平而峻仰而闊而覆皆陽化陰也自陰多者必下而親陽、到頭
粗硬穴難尋離却來龍問氣唇就局乘生埋薄處兩砂圓抱水含襟陽多者必上而就
陰、到頭平坦成陽體扶作陰堆蓋杖親或就氣毬乘脈點或騎龍脊狹中尋是故星辰成
象而穴以呈、天地互根而穴乃就、則以陰陽之氣固
以老而亢、以少而生也、突不過飽窩不飢陰陽相含嫩老合但乘此八
尺之生氣、上下左右必尋確証、分清十字交關、方可
放手下穴、譬彼方几、指中爲中、未爲中也、繩其四角、
腰折以取中、而中之十字顯矣、拿定十字証據穴纔點出並非虛擬亂猜
方不悞人其爲左右分中也者、定盤暨看前唇後枕、枕如交椅

唇如氊裀前堂後樂、眞穴明堂定是圓不圓穴恐在旁邊橫穴後空閃穴側頂俱要樂山前官後鬼、貴龍前必有官橫龍後必有鬼官與鬼間有偏對者須兼審乎穴暈元唇堂案也前案後屏、案在貼身者必欲其灣環又封拜大地或前或後多有出角土屏有土斯貴故曰尊星前朝後照、大地必結尊貴朝山開面正向不比小地之借朝偏向也又大地必有遠坐山峯照穴單坐其頂雙坐其凹平岡墩阜皆然種種不一、得一明証則下十字之一竪、上下分中者、先看兩砂曲池之灣抱、或微圓如新月或灣曲如角尺兩砂相對穴在中間如癸山丁向兼子午者其間兩旁拿穴處必乙辛兼卯酉十字亥徵天然不爽故曰左右依砂灣處別高低隨界闊相宜再看兩肘曜之尖圓、短者爲呼長者爲曜皆生氣之發現處穴或正對或微上或微下曜亦有生于砂背者初中罕遇盡結則有力與官鬼並重又曜于官鬼要四山仍來則結聚始眞外更看夾穴之巒頭、大地方生夾穴巒頭是名太乙太乙有兩邊齊均者有邊尖邊圓邊大邊小邊遠邊近邊無邊有者須要活看及指穴之襯砂、龍虎內小砂如指頭與穴齊名曰指穴砂○又山窩深大不見外峯者旁生一小石定穴上下名指穴石種種不一、得一明証乃下十字之一畫、其有未經鑿破之眞穴、則但取證於太極暈星、凡鑿破成田者無從看暈必要證砂靜觀諦視、中必微微隆起、旁有微微低界、蟹眼上分、金魚下合、金魚明暗分生死弓脚偏長得水情唇前小堂、微又窩聚、乳突面前平暈下略低似掌心雞窠螺靨樣微茫隱約不似深明斯爲得之、反是而求、則爲陽暈、乃畧略低似圓圈、此又卽窩卽暈、窩太深者又當別論陰中求陽之法也、察暈之呼吸動邊識生死之活潑恬肥高不破毬而傷龍低不離簷而脫氣旁不出暈而侵界暈星既定四圍諸證自然應合不差至於平陽平洋既無生成之暈星、又無生成之穴證八尺之乘、其法安在、凡屬平陽則論局。外取翼衛有情、堂案朝拱、內則培土成星、取氣化之活動者爲生。或飛邊或挂角、或開口、或出唇、或凹腦、或環帶、或高低折浪、或二曜相生、圖俱見後法固不一、備載於幕講禪師千里眼一書、其在平洋、則取小枝之息道。收大幹之通流。轉入不分名息道漏道多轉總成空定卦乘龍。水以爲程。浜底水聚。扦龍頭穴。經曰穿珠垂乳源頭即時富貴浜腰水灣。扞龍腹穴。浜口水動扞龍尾穴。經曰裏局闊大則不巧交牙緊小而有情或兩朝於上下、或橫纏於左右、或五吉八神之齊照、蔣公曰不是八神齊照穴出元之局內必水環砂抱而生炁乃固。外必水朝沙護而莫相依生氣以凝、順流隨水案無力此穴名爲破城裏朝水案外暗循環此穴自非中下地旺水之直撞橫冲猶君子而怒我者也福蔭難期煞水之灣環屈曲猶小人之好我者凶也星自化水固重矣砂亦非輕如有尖射反背歪斜抝㨓等形水吉亦凶故凡平岡行龍高低活動之旁砂不馴伏整齊反難下手平洋一例法固不一、大鴻蔣公所輯水龍經五卷、可考而知有圖載後此平陽平洋八尺乘生之大較也、平原之穴雖屬三陽

（但看法作法必兼平岡一則故與此二則差別）間嘗策蹇浮舟、流覽岡巒於經亘之交、水雲參錯之會、恣情綿想、心目相諧、大都帳蓋多偏側、而龍身必中正、砂頭每伸出、而穴星盡隱藏、故凡到頭八尺、無論高平、其垣局星辰皆喜清和圓淨柔嫩而靈秀、（砂如美女言臨穴也未至穴場必然直硬老相）是以天下貴星、不履魁罡之域、人間吉穴、寧棲煞曜之鄉、此如天子至尊、深宮永巷、悉屬承顏婦寺、而萬騎千乘、遠列九門、又若元戎柄武、中軍幕府、偏多翰墨文人、而負戟橫戈、外羅八陣、蓋行龍護從、水口關欄、方貴武猛威雄、不厭巉巖峻石也、吾更以遠徵諸物者近取諸身、心窩、天穴也、臍輪、人穴也、男女之人道、地穴之乳突、窩鉗也、天穴多結立體、凡人拱手直立、則兩肩曲凹、必上抱其心窩、人穴多結坐體、凡分手危坐、則兩臂曲凹、必中抱其臍輪、地穴多結眠體、凡垂手仰臥、則兩掌曲凹、必下抱其人道、不當穴處手皆硬直此與兩砂曲池之灣抱何異、又兩肩圓聳、與夾穴蟺頭相似、兩臂肘夾與衛穴呼曜相似、兩大拇指短縮、與指穴襯砂相似、之數形者、即傍砂拿穴上下分中之明驗也至如左右分中則上以隨乎額鼻之準下以當乎胯馬之交天地人穴犁然一線焉矣此所謂人身之三穴者也而大地之八尺倘復何疑哉明乎八尺之義諳乎六則之分協乎三元之運法密而道宏於以乘生於以引陽魂返其宅魄滋其膏陰陽之撰合而天地之泰交沒者以寧存者以順葬天之義蔑以加矣吾與子異事同心異用同功竊嘗謂良醫療疾無伐天和先哲名扦不親地煞養生送死其道一而已矣願子之有以察之也客曰諒矣哉子之說也是足

發大地之藏、而洩古賢之秘矣、在昔紫陽作賦、命曰雪心、青田著書、號稱露胆、夫豈浪洩天機、實欲剖呈地理、慨自仙踪既邈、新書錯出、執此嗌彼、爭鳴互軋、絲分瓜衍、宗旨茫茫、夫其禍世也何極、自子六則三元之說出、葬天之義明、邪說熄而正道光、曠野幽城、盡免寒泉之浸、塚中枯骨、具回黍谷之春、從茲奧府靈區、孕奇毓異、味墨香於官潤、瑞種紫陽、瞻笏立于天平、挺生文正、震聾開聵、所至蒙休、豈直一家休戚而已哉、願錄斯言、普贈同志、予時義不得辭、遂次其

說於漫園之蕉雨軒顏之曰蕉窗問答驥江鄭熊西
載氏譔
卷中細註太繁刪其正文自明無關緊要者

蕉窗問答條註

此註有獨抒于臆見者有口授于明師者有指點于賢友者有摘錦于古今書籍者有程式于仙跡名抒者有偏于吉凶舊墓二十六年之閱歷而探索其所以然者石中玉砂裏金凡四十有九則皆以發明正文云耳

一片與一線之分若何曰高山如骨墩阜如節平岡如筋故爲一線平原如肉平陽如皮平洋如血故爲一片山平總

圖圓經天者何一六壬癸水二七丙丁火三八甲乙木四九庚辛金五十戊己土數配十干以協五行天行也渾圓爲經十二地緯紀之于年月日時六甲環

生以週萬古作歷之本於河圖者也圖具羅盤之六十龍終則又始以象天行之不息山平總

書方緯地者何地球懸處中天體本圓而面則方人於地面用事故洛書數生後天有四正四隅而其象亦方一白配壬子癸星屬貪狼二黑未坤申星巨門三碧甲卯乙星祿存四綠辰巽巳星文曲五黃中宮星廉貞六白戌乾亥星武曲七赤庚酉辛星破軍八白丑艮寅星左輔九紫丙午丁星右弼橫布爲九宮縱衍爲三元流行旋轉而不易之理行爲緯地之大

理氣必由河洛方能應驗

較也談理氣而不根河洛斷難靈應故學地者先須通易（山平總）何謂龍水互看訣云天元龍法定如何仲女南回望北夫更有八郎朝二母東隣纈日看西湖（上元）只今與汝人元法四六交朝生意確若然二八兩頭關五郎從此投胎着（中元）地元何處覓佳音一望元空攝紫神老母開箱私少子大兄啟鏈出西金（下元）更有流神正脈歌爻差珠黍卦邪魔（定脈）清純九曜司喉舌（乘運）陸地橫行奈爾何三元九曜之秘乃理氣眞傳仙師授受

並有戒律今祇載歌訣精微妙用尚待口傳學者當因此而誠求正派若徒執是歌私心懸擬其于元運長短與兼元作用諸法終無的寔把柄自誤禍人所關不小 山平總

何謂短長遞次曰龍水二項有止發一元者有兼旺兩元者有三元俱不敗者地固天生神而明之亦存乎葬者之運星兼卦也 山平總

何謂九曜旋飛九曜者天之斗罡四時轉運司元布化者也分布二十四山以收去來二口之水納甲爻

中上應天象此仙家之大五行也訣云子癸並甲申
貪狼一路行壬夘乙未坤五位爲巨門乾亥辰巽巳
連戌武曲名酉辛丑艮丙天星說破軍寅午庚丁上
右弼四星臨本山星作主番向逐爻行廉貞歸五位
諸星順逆輪凶吉隨時轉貪輔不同論更有先賢訣
空位忌流神番向飛臨丙水口不宜丁運替星不吉
禍起至滅門運來星更合百福又千禎衰旺多憑水
權衡也在星水兼星共斷妙用許通靈○艮寅甲兮
巽巳丙坤申庚兮乾亥壬十二排來俱順行丑癸子

癸戌辛酉未丁午癸辰乙夘十二陰位俱逆走如壬山巨到丙祿向未順數如子山貪到午巨向巽逆飛餘倣此山平總

何謂喉舌之司令星是恃令星者每元當令之三星也如壬山起例巨丙祿未文庚廉中武戌破壬輔丑弼甲貪辰庚山弼甲貪辰巨丙祿未文庚廉中武戌破壬輔丑俱順數子山貪午巨巽祿夘文艮廉中武子破乾輔酉弼坤酉山破卯輔艮弼子貪乾巨酉祿坤文午廉中武巽俱逆數以上挨星已從平洋翻向上算餘山順逆

倣此以當令之星飛臨水口吉水速發凶水減凶可見祿文廉破並非長凶惟貪最吉不隨年運而互異蘭林又貪狼九曜之首其吉大而且久遠勝諸星輔弼亦妙故曰貪輔不同論山平總

向首之生旺墓有準乎曰個個生來會旺家家旺去迎生合者千百發者二三此何以故蓋氣乘吉運雖向墓絕而亦興數值衰辰縱迎生旺而亦廢一線之山向虛而無據三元之靈應寔而可憑考古証今較然明白此僞說創于萬歷初年嘉隆以上無是也平洋

穴星與元運孰重乎曰穴則之龍穴砂水猶八字之

年月日時分格局別純雜固矣但不兼推運限參合流年禍福無時而定是故推三元者不兼精龍穴耑言元運推衍無根審龍穴者不並譜三元則又舍運而言命尅應難憑體用之不可偏廢類如此山平總

培補穴星其法如何曰來龍無過峽少跌斷胎骨不換到頭多不成星體結穴者少蓋山阜星辰假人力者百之一二若平岡以下須培土結盤不惟取陽中之陰且以瀉客水而駐吉氣也純方純圓則無化氣圓必一面方方必一面圓或圓起三層高低折浪金

帶水情或下方上圓金土相生皆妙山平總

羅圍如何曰宜大而小犯四宜小而大不稱宜厚而薄不藏風宜薄而厚多客水平地之穴羅圍不宜太高厚恐陰盛也故凡三陽之地須浮棺半入羅圍墩塚相連乃妙山平總

出水者何曰羅圍口寬闊中滿半傾前有小堂低陷則客水出若口緊中凹而高厚者穴必濕地吉亦凶平地尤爲切要又高山本體闊厚壙虛氣通精液薰蒸不免有泉須內寔砂炭暗滲水于外潢池方可山平

總

關風者何古有開孤法塹飽面爲窩體培厚土於兩旁以蔽凹風蓋龍畏凹風猶人畏隙風也發脈處過峽處凹風一掃病中膏肓矣曠野行龍乃得無忌又過峽渾身帶石亦不畏風吹水激然終以遮風爲妙

山法

此設贅山龍中抽發脈兩旁自有擁護若流神餘氣到頭終有關欄若直長孤露本無可穴培土亦無益至若平洋穴法兩旁漸低最妙特不可一處

偏陷耳

堂案朝拱者何曰穴前窩聚低似掌心爲內堂大龍虎內不尖不直方若棊枰圓若銅鑼爲中堂案前宏廠寬容萬馬爲外堂六則之穴三堂全爲上格若平陽則全取明堂御街倉板兜抱入懷不宜傾瀉又坐穴高方領起堂案案高壓穴不吉故曰龍虎緊關高點穴若還寬闊穴須低大抵山喜寬舒平貴緊狹又穴前堂貴清潔至若堂案外者爲朝大地先起賓山一峯特起聳出羣峰特清特秀朝近穴高朝遠穴低

高則齊眉低則應心一峰當面直中取的雙巒聯秀
凹裡平分太遠則疎不如近朝之眞的又凡賓山頭
清而脚濁案以遮之水聚堂以隔之吉故曰一案眠弓橫截住能
遮脚濁露頂清不然水注天心聚能使朝山病亦輕山法
迎生者何墩不宜太高大盤不宜太闊厚陰重也遍
閱名墓平地結盤闊不過二十步或五六十步者頓十弓五丈長裁尺九一折算
棺其上又結小盤以立穴方得生氣其三陽一片之
穴或在上元立坎坤震向者墓門基宜高二尺餘以
收旺氣若迎水立穴用離艮兌向者門基低尺許不

關煞風爲妙即浮唇開風者迎生避煞亦然又初年峁取穴前內明堂爲生炁兜抱窩聚合元扞向者立旺財丁此救貧第一法若穴高水低初年不利多作凳金以救之山平總

化煞者何如三土連行到頭結穴而餘氣成木星者此木疏厚土煞反爲用者也若土弱木強須於土上結金盤以制木堆火塚以生土餘做此故曰吉星滅力於尅洩之方貴曜加工於比生之地殺少而救多者反吉洩多而補少者無功山法

葬天之說、何、自、自洛書、書屬後天、陰也、而君之以陽、故位陽於正、而隅以退陰、尊陽也、書中體而外用、外各奇偶相間、何也、四正則地包天、象堂界之低空、四隅則天包地、象龍砂之隆起、天依乎形、陰中有陽也、地附乎氣、陽中有陰也、陰陽合德、天地泰交、象生生之氣、流衍於城垣脈穴之中、然地數四而紐、天數五而盈、中純陽宰制八方、其爲體也、以天攝地而統地於天、象卜葬者、乘地中一脈之天、以蔭骨而還陽、尊先天之陽、化後天之陰、書主地而以天示者至矣、葬

天之說自此山平總〇無甚關係
高山之穴何如曰山可望峰而覓地凡見群峯環繞佈作城垣中有主峯特異放下群支左畔支支面皆朝右右畔支支面皆朝左其中必有大地須尋正出者爲的又或似正而寔旁似旁而寔正只要出脈處成個星辰頭面爲眞認定眞脈纔去定穴又山頂另起圓墩曰六府星乃貴氣所發現無論支幹其下必有眞龍龍峽來小去大則結穴必遠龍峽來大去小則結穴必近龍峽來高去低則結穴必低龍峽來低

去高則結穴必高龍直勢急則穴必緩龍曲勢緩則穴必急脈既上住雖去必蠢脚下盡皆放濁脈既閃去雖落亦粗劈煞多在邊旁穴高因衆山之拱逼穴閃爲中乳之粗頑立而仰者穴巔視群峯之拱衛坐而俯者穴腰貴體勢之軟平臥而伏者穴麓喜界神之圓活故曰陡峻未平休急點坦寬無脊亦難扦上觀巒勢歸何處下審堂砂向那邊此皆言高山之穴也山法

騎龍斬關者何穴雖結而龍未住去還結地謂之斬

關穴上結而下放濁去或作朝謂之騎龍斬關之穴借迎送之環抱視明堂之平坦必於細小平軟處斬之騎龍亦然若悞下粗闊急硬之所皆主丁絕其穴形或作鶴嘴蜘蛛肚或作龜肩牛背與駝峯土未破者取暈土已破者証砂　山法

騎龍無水奈何曰成星體處自然水交砂會設立門戶故曰非局弗言龍無水休作穴惟騎龍之格不論水而專重砂高秀而得天澤之多諸砂輔之恆出神仙大貴上受天清故也　山法

水之順逆何如大地案多順水君子以不貪爲寶方能爲天下用財也故曰案砂逆水亦爲良但恐隨流不上堂速發福時終易退不如順案水流長又曰幹龍之地近江河逆水難逢順水多波撼不堪朝水作穴扦高遠得相和更有穴前來水短案外去水長主富夭而貧壽去短來長反是山法〇去水必通逕雖長不忌但不可硬直而長耳

何謂陰結之煞曰凡葬高山而穴中有水者多在粗胖板闊之處陰重無陽地多天少故也故曰巒頭下

覓灰中線硬直旁尋草裡蛇脚闊細腰腰內點身粗巧手手中拿 山法

三面皆天者何有龍有砂則有界穴必親明遠暗爲生故曰界神明處氣方清莫作糢糊面上尋點穴就明休就暗暗邊扦葬必侵陰 山法

高山平地葬棺深淺之說若何曰山有眞穴必有眞土堅密光潤色澤異常開穴至此便止下有嫩石名爲爐底銀白金黃不可穿過平地脈淺氣浮土色較輕以所埋棺底浮出界堂之上爲主界水者界其水

也當改云界水者界其氣沒土穿堂則氣陷而客水侵○界水則止界其氣也界其水句非正論沒界穿堂客水侵矣山平總

脈清氣現者何脈清則成龍氣住則結穴或隆隆而有脊或隱隱而露形故曰氣現自然唇口現脈清先見界神清脈線兩旁必有分水之脊故曰界神清曲如角尺者脈之上也圓如轉環者之玄曲折次也三陰之地皆然如山頭已成星體而穴形剛飽必多暴氣法宜用洩當預開水竅久經風露以洩之然必合局方可用法葬如穴體雄直則多煞氣法宜用斬須于下脈之所與近穴之處開坑火

煆各埋大甕以融其煞（必須合局合運方可用法葬）暴去煞融其葬乃吉（山法）

圓界環龍曲流引氣者何曰水一面者爲平氣三面者爲環氣平不如環內環蓄氣外須有曲水冲照與短闊聚洋之水迎引正神兼收旁卦方能速發而悠久又一水特朝坐太低者撲面太高者難收水大而直長者遠收則化短而氣和近收則冲小而短闊者近收則光接而氣住遠收則脫（平洋）

籠聚天陽者何曰太虛之中無非陽氣散則寒聚則

熱天地一大蒸籠也培土成星者所以藏棺而蔭骨譬如糰粉就蒸收聚籠中熱氣而裹餡內包隨粉熟也太低則濕直冷灶耳暖氣何來平洋避客水若何曰穴之星盤緊小三面低空則客水不停而三光四照土乾暖矣其葬深圍厚者塚蓄寒泉固爲凶壤若更樹攢竹密三光不照雨露長淫濕熱薰蒸蛇蟻滋種地吉者間出殘疾夭亡凶則多生背小試之舊扦十驗八九譬之生人造屋下必培土築基低浚明堂深疏水溝以流客水上則隆脊而殺簷

內更舖板而置榻凡以瀉淋潦遠下濕也故埋棺浮出界堂築基而置榻也羅圍口闊臺盤中滿半傾隆脊而殺簷也不此之知奉先人遺體長臥寒泉是何智于宅而愚于墓也平洋

窩穴葬天若何曰山穴高則多燥氣未融也故喜窩忌突平穴低則多濕氣嫌冷也故喜突忌窩凡山地窩穴多扦臨弦收一面之天窩大而弦遠者或用浮扦架葬之法若平洋低穴猥藏即使合局氣不融聚又有邊清邊濁之穴賢貴所生必在空靈公位一邊

扁金星象

開口土星之象

端圓立木星象

上得天陽之清氣也平洋

穴不起頂非眞穴其說何如曰龍神起祖頂不露石星體尊雄其下方出好穴又必先起少祖然後結頂成星故五星不明雖高不貴穴無少祖貴亦不尊山法

星辰成象者何星分五體形辨高低扁金圓闊輪邊穴突起粗頑覓下坡半月蛾眉扦兩角純陰滿月用尋窩土星開口裁邊穴若是無鉗掛角宜佈野橫天中出脈功名封拜未爲奇端圓立木起冲天賢相動名億萬年倒地微肥橫玉尺名魁閬苑美登仙重巒

重巒疊且浪
雲水星之象
文筆尖秀火星
之象
不成星體
廬注意此條

疊浪參雲水地走金蛇脈亦奇泡影恬肥堪毓秀多謀足智俊才稀火星作祖貴高權兼羨城門鎮水源文筆扁眠官曜顯遠朝尖秀喜侵天無帳孤單豈正龍不成星體不成峯只因懶坦全無斷硬直歪斜到處空

山法

穴暈如何日眞穴必起頂成星從主星以求穴情從穴情以求穴暈一點靈光或前或後或高或低或偏或正怪怪奇奇總不離暈暈之爲象如爐內之銀鎔如水面之酥浮湏除盡草木上審微脈脊落下察受

氣恬肥旁晚界神圓活正側看橫豎高低看或初看有久看無再看仍有凝神乃得慎勿粗心山法

翼衛有情者何曰平陽旁砂低薄約在六七丈外高厚者十五六丈外皆吉遠近高低細參為妙若近而壓穴關風左害長右害幼即後托高者亦遠宜百步貼穴後高必絕山平總

水龍支幹如何曰大幹流通雖有灣抱其氣曠渺難以下穴必有支水止息不漏來口則生旺乘運到頭則清純入穴源流並美繞抱成胎而幹水萬派千流

一攬全收矣大幹周環則取外氣之形局宏敞小支止息則收內氣之孕育靈秀大幹如行龍之山巒展布成垣勢曠而無穴小支如脫嫩之陵麓團聚止息氣凝而多結也亦有小幹曲轉環抱之處下龍腹穴而大發者但須久而後應無枝故也若內有支水結穴而外無幹水城垣纏護者效雖速而氣則易衰均不若支幹相扶可收旦夕之功亦可期代興之澤也又大湖大蕩號曰痴龍必藉嫩支藏秀方能大發間有四畔通流內無支蓄借外砂之包護而立穴者亦

即支幹之法而變用之者也明支幹之交乘則水龍體格定矣尤當識五星之正變而入穴之作用始全眠倒星辰竪起看水龍入穴星體與山阜之生尅制化一一相仝星不成者難發形不吉者多災反射斜穿無丁無祿灣環織結卜世卜年水龍經第二卷尤爲後學津梁所當熟玩 平洋

水形之凶可變吉乎曰三陽之地穴結水邊無餘氣前有大河不納補以人工亦仝天造叉破是衆水破羅城斜是斜水穿堂過割是穴前叩脚流箭是狹長

來照穴射是一尖向穴中冲是洋潮勢太雄而亦有反凶爲吉者訣曰穴高不論射水關豈爲箭脈大何嫌劄戶緊任斜牽回曲無穿意仰蕩穴登天砂隔非爲破水衆亦何嫌眞龍相住處反吉任君扦水無方與位屈曲最爲先然形象之吉凶固爲首務而三元之運氣尤當參驗登塲細看定其首尾占方位之動靜吉凶詳其支幹辨骨髓之淸純錯雜必運旺而氣生骨眞而脈的乃分水之闊狹短長以定穴之高低遠近丈尺不差浮沉不爽卦爻不雜星辰不舛水龍

之秘盡矣。平洋

凡脫元煞水冲照必凶、惟三陰一線之地、龍雄氣厚者、初葬則煞水見殃、葬久則龍重水輕、水神無力、然不若龍水兩旺之地。其發福尤速而純全也。又三陽一片之地。旺水勢大。吉方多照、旁即帶煞、亦不甚凶、以旺能降煞故也。覆驗舊坟。一一參看自見、平洋

龍之行運如何、曰後龍一節高一節則一代勝一代一節之後不成星、二代之中貴亦輕、大約力小管二十年、大則六十年、逆推而上、來龍脫嫩之處、逢老幹

而止又當兼看砂水別其單重參驗元運辨其短長以會合而詳察之山法分公位若何曰左砂屬長右砂屬幼中堂屬仲堂內水直流主離鄉左右各以位斷若外砂圍繞水口峯高反主大發他鄉然總以龍眞穴的爲主理須活看地眞則各房俱發地凶則各房俱敗砂水亦不靈也又或世家巨族名扞非一或陽宅當元亦難以公位拘也山平總

帳蓋偏側龍身中正者何帳蓋者砂龍所無正龍所

有支龍則小幹龍則大有帳方爲有巢帳多出貴亦多以其直來狂猛之氣得此而横展舒徐煞劈盡而氣融和也帳貴成星或屏開土宿或雲水叠浪或木星展翅或火曜冲天或太陽三叠帳中侍衛亦喜成星上格有千絲之縷垂下粗綴冕旒細掛珠簾最要左右灣環高低勻稱有恭敬禮讓之態無頭偏脚竄之形若巉巖逼削龍縱清奇福力亦輕其無帳者則孤露而多陰不結結亦不大但帳之與龍局小則別奴主局大則分支幹帳如手之側落龍如身之正出

身不顧手、手必護身、故曰側身環抱皆奴體、覆仰眞龍正出關、个字兩邊須惜步、多爲夾從護他山、又曰、關城左右雙開帳、認帳纔知中出強、君豈肯爲臣護從、支長常作幹關攔、此奴主支幹之說也、其來龍各有結作、但局分大小、比山河衆建之形、地別尊卑、擬官僚分治之象、有遠大之砂、必有遠大之龍以鎮之、有遠大之龍、必有遠大之水以隨之、其起祖則聳入雲霄、其開帳則橫亘百里、其到頭則一主特尊、自能收盡群砂、如三軍之周環幕府、納盡諸流、如萬派之朝宗大海若此眞幹結也若四面用神不皆降伏則小龍之傍城借局也比之幹結天淵矣叉幹行不起峰起峰龍欲住支來不勢大勢大化爲幹幹龍平硬無委蛇其行折作大之玄無尖頂不起伏雖兩砂齊到納盡諸流而砂不逆收水不逆朝多成順局與支龍結作祇收一邊隨龍水者不同幹久遇祖力方盡枝發則逢幹方休起頂成星而正過者爲幹硬腰側落而角過者爲支幹龍山頂常有雲氣能興一方雨澤支山則不能興雲而致雨也山法

砂頭伸出穴星隱藏者何、洋宜織結。山須關鎖。其用俱在于砂有行龍之砂帳蓋之展作關域者也、有結穴之砂龍虎之圈作圓堂者也、有護穴之砂蟬翼之微茫格界者也、故曰、佈局憑砂勢曲長、曲長食水緊關攔、眞龍本是閨中女、豈肯拋羞露面顏、又曰、砂體斜尖分面背、背突生岩曲轉身、弩滿弓圓雙手揖、此間龍穴自然停、東看抱西、西看抱東、砂形也、偏者登穴見圓、濁者見秀砂情也、上砂蓋送多則地局宏下砂兜收密、則地力久、穴高愛衆岫包藏、穴低喜陰砂回護、下宜高、上宜低、忌上雄而下弱、肥以富、清以貴、邪以淫、正以賢、各從類應、大約砂一重而龍秀者發科、二重發甲、三重八座、何則、寒士僕從少而貴人之儀衛多也、故脈清格好、而主穴孤單者主能文不顯、或僧道爲官、若穴高露而護砂低、主貴乏嗣而賤多子、故尋龍定穴、斷在觀砂、然衆峰排列、當求本主尊嚴、必龍眞穴的、方爲我用、所謂雄師百萬、聽命元戎也、又砂頭帳角、亦有小結作、但奴龍多胖大、有收束不緊、關鎖不密、形局不正之病、山法龍神者何、取陰陽變化而名、高峻者忽而平伏、束狹者忽而放闊、覆突者忽仰窩、皆陰化陽也、平伏者忽而高峻、放闊者忽而狹束、仰窩者忽覆突、皆陽變陰也、此正如眞龍之能大能小、能升能降、能飛能潛者也、故曰形如疊浪順風吹、又似烏鴉暮尋宿、上句狀其起伏斷續、下句狀其盤旋迴轉也、金木火星屬陽、水土二星屬陰、行度陰陽相間、方變化而成龍、又眞龍行止、必舞爪張牙、風雨護從、地成龍處、行則帳蓋重重、止則砂頭密密、亦正相似、其不起不伏、無護無

從者皆帳與砂也、故曰星辰側出人休悞、邊有邊無
皆纏護、面向他人作用神背朝外突金剛肚、若一片
痴頑、則無變化而不成龍、畧有變化、砂裏成龍、便結
小地、 山法

行龍護從者何、正龍渾厚不生峰、有峰多是枝葉送
旗鎗戈戟帳重重、盡向旁行作護從、故以峰求龍者
悞也、凡行龍無頭面、無星峰、拋閃偏缺、皆水星也、龍
得水洗方能脫胎換骨、老出嫩、濁變淸然後頓起星
辰結穴、是以貴龍來處、枝脚橈棹、參差交亂、人不知

其爲水星也、山法
水口關攔者何、大地必有逆水之山、來作關攔、以收局而固氣、故曰水口高峰號北辰、嵯峨怪石起雄星、捍門華表兼文筆、定出擎天鼎鼐臣、劍印旗槍天馬現、威揚萬里鎭邊庭、佛生定有石羅漢、仙作龜蛇鸞鶴形、土庫圓墩無異相、也教積粟與堆金、獅牛象虎分茅土、列陣屯兵武將生、日月東西若得位、世人何德可擔承、欲知遠近分枝幹、更別單重世代分、門戶緊關如此斷、若還夾峽也同論、凡地理取逆、天下龍水盡是東行若局內有西流之水大而且長則龍必西行多結聖賢仙佛大地龍水逆也故曰大凡順局不爲奇案砂雖有力終微君如欲發千年富龍要翻身逆大溪又結穴高低視水口高低可定水口羅星形須逆水爲佳山法平洋大地俱有

巒頭理氣之說本屬一串偏執者互相譏詆何故曰論巒頭而不分六則無以盡陰陽之結撰猶臨症之不按六經也彼之所謂巒頭得半而止者居多談理氣而不辨三元無以參吉凶之消長猶用藥之不仿

四時也彼之所謂理氣認僞爲眞者不少若夫祇知葬地不知葬天重陰沍結否閉不交天光無以下臨地德何由上載是猶業岐黃者昧泡製而失重輕元氣之不培且從而朘削之也雖巒頭熟而理氣精豈能免于地吉葬凶之患乎

山平總

看地有捷法乎曰有樹之大小以根由根而枝葉地之大小以祖由祖而本身法當於三處求之起祖看出身而少祖尤重尊星旁帳蓋何如過峽看變換而近峽當先迎送中扛護何如至于主山則看穴星而

脈暈爲眞蟬翼內明暗何如三處看全地無遁形矣凡星面要平軟星脚要站住不飽不斜貴清貴聳明顯爲高糢糊爲下乃上看星辰下又看氣脈細小活動者脈也恬軟肥圓者氣也脈現則成龍須于老中求嫩動中求靜以乘生也氣現則結穴須于嫩中求老靜中求動以防弱也委蛇脫卸其脈旺而益旺故硬直之宜棄斷續隱微其氣清而愈清故粗蠢之多虛氣脈兩明穴暈斯得捷莫捷于此者山法

法葬如何曰葬地若乘舟中艙之中正中也鼻對船

頭腦則柁門其向斯正上坐艎板下栖船底高低深淺斯得其宜去板穿底能訖濟乎滅頂之凶不卜可知又船中須四面關攔冬宜閉夏宜開晴啟陰閉砂之待人栽剪一般

地必久看方識乎曰凡看龍穴砂水如看金銀器皿眞知灼見一目了然不識者愈看愈不識也但地生眼生一時周到亦難楊公尙待三扦可不詳慎

兇人可吉葬乎曰凶人而得吉葬必其間行一善能消百惡又必此中爽直不失本來之陽性故也若貌

雖爲善、心冷如冰、一片純陰、斷未有能得吉壤者、吉地由人乎、由天乎、曰看則由人、天不能禁、葬則由天、人不能違、欲覓名山吉穴、定須孝子賢孫、心存忠厚寬和、方能誠以格天、雖在貧寒、常扦吉壤、每見世家大族、積善者固多、怙勢者不少、好訣心高、多金厚利、十年按紙談兵、兩踵未摩山頂、一朝指鹿爲馬、雙眸以鐵稱金、操其命於門客下人、埋其骨於砂頭帳角、誰嗣百年血食、漫勞一世心機、雖爲之者在人、而主之者寔天也、山平總

平地元言序

地理家言巒頭之書十居八九然大抵不出山法之巒頭耳惟此卷於平洋水法之形局切要詳明允合水龍之旨故摘錄附後熟此形局加以理法乘淸當令之氣脈分淸三卦之向水平洋之奧義略備無遺矣。中間數節夾雜三合黃泉延年生氣等句雜亂不倫恐是後人妄添悉刪去之以歸一格

嘉慶壬戌日躔鶉首之次蘭林于楷

摘錄平地元言　　　　元幕講僧著

凡入一局之中先看水以尋龍。先看一方水勢之去來以尋龍脈之起止并知是何出脈是何龍氣即子字出脈子字尋之法。

龍行必有水夾龍入必有水兜。夾者夾送兜者兜收水兜則砂抱抱則龍神凝聚矣。

逆揷之水關穴。方能進氣。豈畏源頭。

大水東來一枝小水西揷則東來之氣逆回謂之

關穴

逆龍之水聚旁。便有斜襟。何云犄薄。

大勢東來、到頭逆折、則氣自停止、只要屈曲聚會、即斜流側出、不得爲犄薄、○逆挿水、穴在下手。逆龍水、穴在上手下手。故水來關穴。上手故水聚於旁。

關穴之水、盡處則聚。激龍之水、狹處則收。夾龍之水、合處則鍾。

盡處、即逆挿之浜頭水盡處、浜口水之進氣、浜底

犄

水盡處地之進氣於水盡處聚束地氣也激者龍行未住得下手水逆折而激動眞氣即於狹小氣止處收取即上逆龍之水也夾龍之水二句詳上

龍行必有水夾二句言上頭夾送龍神之水於結穴處必兩水合襟兜合而氣止也

水頭水尾不可概論水短水長豈得例觀水長則氣緩穴在源頭動處水短則氣微穴在腹中旺裏前後左右一邊活水必一邊死水方能結作信是陰求陽配東西南北四水交流必曲水聚會方能合卦的是

濁中取清

水長水短要看得活重在動處旺裏活水流動死水停聚活水以停聚而氣止死水以流動而氣入故能結作衆水交流必其中有一水曲折接着諸水只看聚會處合何卦位始眞即公私親疎之謂也

論來水一直來一橫來一斜來驗分緩急詳去水一過堂一會堂一纏後效有差殊

正文自明以下不註同

左冲右冲前冲後冲直冲必敗房分當應穴迎向迎
左迎右迎閃迎方吉丁財兩宜
遠近水動近水爲的內外水順逆內爲宗
數水朝堂砂回則水轉若見明砂逆抱福力無窮微
茫窩底氣聚則穴藏必須暗地護纏財源彌厚
若見退神橫過下砂直逼則何妨更見內水順飛外
應挽收反有益
退神去水也下砂直逼則去有關攔外應挽收則
雖順飛而終有止息若外水有大蕩開洋亦能蓄

勢、

去方浩蕩、即有下砂不大、來處分明、雖無關峽亦淸、即蕩中墩阜關攔、亦作下砂、總之逆砂一尺。勝于萬丈。逆水一滴。勝于萬派也、至于作穴、須乘生氣。有來氣。有進氣。有動氣。來氣或有脊而來、或關閃而來、或轉跌而來、進氣則在臨穴處、或一水灣環、或兩水關激、其氣便入、動氣或小來大、或大來小、或直來忽轉面、或平地忽吐唇、此皆天然生氣、可以立穴、

然又須觀四應爲準、或數局中彼此咸列、或一局中東西兼結、又須察大小主輔向背偏正、分刧環抱之情形矣、

要之來純不來雜、出配不出獨、

言來脈卦氣淸、純不雜他卦、去水陰陽合配、與地脈交互不孤也、

氣激必入。局緊必眞。用特必貴。乘氣必淸。

用特如衆直特曲、衆大特小之類、

龍必察其緩急、方可受穴、砂必審其寬緊、始不爲殃、

中宮受穴必敗、五黃不變、邊角立穴多興、界水氣凝、

論取驗、以局配年。龍向不靈、詳房分、以星配位、砂水

參驗、

以局配年者、看元運之吉凶、三方弔照、在何年始

應、若專以龍向斷、恐不驗、以星配位者、以九星之

吉凶、分配房分公位、參驗之於砂水也、

摘錄羅經用針說

瀋陽范宜賓著

夫羅經創自指南至楊公指出一卦三元分別獨用兼用是以有左挨右挨之分後人不明獨用兼用之旨另造退後半位一盤指爲楊盤又造進前半位一盤指爲賴盤以爲天氣參前地氣從後豈金針所指之南北從天氣地氣外另有一氣爲之運動耶夫道一而已矣苟運動之針可以二三則理數歧出又豈道也哉不知天氣地氣陰陽互根針分南北乃天地自然之理針之所指卽氣之運動天地之氣在是理

亦在是此一本之旨也從此此而分二氣五行分四象八卦分二十四山四十八局此萬殊之旨也知萬殊一本則金針所指一定不易世俗所增兩岐偏出盡皆差謬矣其寔羅經止用正針向水準此立局止忌干支交界之處以防混雜其餘諸盤皆後人妄添或以正針立向以中針（即人盤）格龍以縫針（即天盤）消水或以中針立向或以中針正針縫針一串並用紛紛不一徒亂人意悉宜刪去然後指歸一路立局定向乘運消水可以施吾作用矣

范公於地理、確有師承、惜文理欠妥、故前後不貫串、主意不顯豁、辭雜則意亂、稍爲裁改、始覺明亮、並非好爲增減也、蘭林

一卦三山陰陽說　范宜賓

二十四山中四正之左皆陰四維之左皆陽此以坐山論若在向上則四正之左皆陽四維之左皆陰此是九星之分陰分陽故用紅黑字布於二十四山以便挨山挨向挨水倒排其父母之位串挨星之奥也此即天玉奥語青囊寶照挨星之訣非世俗所謂天定地母五鬼等卦中起中止邊起邊止之翻星也是緣不知元空倒排父母依紅左順行黑右逆轉之用任意穿鑿然此即隔四位而起父母之法也隔四位而起父母者一卦管三山從左右干支歸到中一位之父母也中

是父母左右是子息此即父母可帶子息之說諸說不細分故愈說愈昏○二十四山總于八卦有八卦好排九星有陰陽好分順逆一有九星順逆所以二十四山雙雙起此挨星之旨即一卦分三山之旨也

位位有一父母顚倒排之自山之父母輪到向上自向之父母輪到山上自來水之父母輪到向上自去水之父母輪到坐山如山向是陽星則水之來去要陰星山向是陰星而水之來去要陽星是陰陽只以星論不以八卦干支論陰陽也今翻卦翻星多方變亂豈知收山出煞專在於三卦之用耶三卦詳楊盤說中

乾坤法竅之書係范宜賓著

此篇悉從乾坤法竅原本畧刪去後半無關緊要之言
山向是陰星一段按陰陽二字糾纏不明若如所云四正水要立四維山向四維水要立四正山向但葬山首邱葬水首流卽楊公亦曰水來當面是眞踪蔣公亦以乘氣要當前直達勿取左右耳受之說若立別卦山向背首邱首流之義若卽立本卦水山向則陰陽混雜犯空位流神之忌卽如離水要立離山向此一定之法豈子癸午丁二陰向

反收壬丙陽水犯空位流神之病耶。總之挨星之說。按之作法處之支離。毫無義理可通。故錄存此一段原本以俟世之深明挨星之學者。

蘭林識

楊盤挨星說

楊盤之式四正之左爲陰（如子左是癸）四維之左爲陽（如乾左是亥）於三卦內地卦單用天人兩卦可兼用（如坎卦壬子癸三字壬紅字只一个故單用子癸兩字俱黑故可兼用）後人不明天人兩卦可以兼用是以僞造退後半位一盤名爲縫針不知地卦爲獨用又造進前半位一盤名爲中針其寔楊公用針並無中縫兩盤只有正針一盤此盤之用自子之西起壬一字丑一字甲一字辰一字丙一字未一字庚一字戌一字（該云自午之東起丙經四位而起辰方合江東二字之意）此八

字皆向左行、即順行皆是四個一、故天玉開章卽曰江
東一卦從來吉、八神四個一也、癸在子之東與亥辛
申丁巳乙寅八神皆向右行、即逆行蓋甲庚丙壬辰戌
丑未、爲子午卯酉乾坤艮巽之逆子、不與父母仝行、
若乙辛丁癸寅申巳亥、爲子午卯酉乾坤艮巽順子、
與父母一路同行、故天玉云、江西一卦排龍位、八神
四個二也、如坎卦子陰逆行癸亦陰逆行三位中壬一陽子癸二陰豈非一路同行八神四个二乎所以可兼用若壬字陽順行陰陽不可混雜故壬單用豈非八神四個一乎再如乾陽卦順行亥亦順行豈非八神四個二乎戌陰逆行單用豈非八神四個一乎要之卦有順逆之

不同卽有可兼不可兼之例夫可兼者天元之與人元並用不可兼者地元之獨用也故楊公用卦天元局只兼人元之癸不兼地元之壬如坐之與向水之來去合得天元八位卽爲合卦有一不在此八位上卽是出卦人地兩局俱同此例用三卦卽收得山來出得煞去不用此三卦卽收不進山來亦出不得煞去是三卦爲至要矣至前云子之不可兼壬乃舉一以例其餘如艮之于丑卯之于甲巽之于辰午之于丙坤之于未酉之于庚乾之于戌俱不可兼而可兼

者乙辛丁癸寅申巳亥八位又要先定父母之爻要乾坤艮巽子午夘酉去兼乙辛丁癸寅申巳亥而此八位却不去兼父母之爻只要父母去兼子息子息不可去兼父母以父母可帶子息子息不可去帶父母之故也愚意父母可兼子息子息不可去兼父母此二句單為地元局一卦而言蓋八卦中之左一位雖屬同卦而陰陽各異如四正之甲庚丙壬屬陽順若兼右邊之子午夘酉則順逆不同若兼左邊之寅申巳亥則又出卦此卦偪隘只可獨用所以子息不可兼父母也若乙辛丁癸則與子午夘酉俱陰逆行同為一家骨肉全靠父母之氣扶助元氣何不可兼之有然挨星每卦分紅黑字參前一位有謂天行健天氣先到諸說紛紛終屬支離勉強夫兩儀四象分八卦所謂天地定位也故一卦三山左右

分陰陽順逆則可若參前一位分紅黑字終屬出卦某寔不敢深信地元辰戌丑未固不可混入人元為用而乾坤艮巽之山向則水之來去卻可在辰戌丑未上何也緣乾坤艮巽為辰戌丑未之父母故為可用則甲庚丙壬亦為坎離震兌之子息何以又不可兼豈四維之父母可兼子息四正之父母不可兼子息乎不解此即寶照中辰戌丑未四山龍乾坤艮巽夫婦宗之意天元之卦能包人地能兼三卦之用若水之來去在甲庚丙壬之上則天元又不可兼若是則天元僅兼兩卦上文何以又云能兼三卦乎以其為子午卯酉之子不似辰戌丑未為乾坤艮巽之子也上文天元又不

可兼句當改云天元四維乾坤艮巽四局之父母又不可兼方與上下文合笋并天元局能兼三卦之用亦不碍至於地元甲庚丙壬辰戌丑未八位、却是獨用不可兼、天人兩元、是以三卦、總要干向支水、支向干水、方合挨加之法也、干向支水二句確有至理但與直節對堂安并蔣公乘氣要緊頂來脉之意尚有齟齬山法捉來脉平洋捉水脉顛倒即是捉來脉若水向各分干支豈立向可左右挨捉脉亦可左右挨乎諸說各不相通不解蘭林要知雙雙起者、以甲庚丙壬乾坤艮巽寅申巳亥爲陽出脈、以子午夘酉乙辛丁癸辰戌丑未爲陰出脈、陽放在水上、陰放在山上、名爲順子一局之一起、此非一山兩用、四十八局乎、十二四山一順一逆此非一山兩用四十八局平何等明亮簡潔原文糾纏不清此四十八局非即二十四山之雙雙起乎是青囊陽用陰朝陰用陽應顛顛倒倒之義山龍平洋皆用此法此皆天玉寶照青囊之奧義忽分而言之又合而言之左之右之總不離乎三卦也既明楊盤爲立向消水收山出煞之用則縫針之消水中針之收山東西牽就皆可不必且俗本三合黃泉大小元空納甲干支等不合楊公天玉寶照諸書之旨用徽盤者不知此皆以訛傳訛茫無徵驗故將楊盤剖析望後學詳加研究參

透個中妙理庶不至自誤并誤人也

此篇全錄乾坤法竅原文其中有不合處寔挨星之說與分卦乘運互相矛盾間爲注出折衷大雅管見詳辨不合處數條備載挨星訣後 蘭林

挨星歌訣

秀水于　楷端士纂

挨星訣平洋向上起貪

平洋向上用挨星　挨着星時水愈靈
空位流神宜切忌　挨排三卦眼惺惺
餘星內吉隨時轉　惟有貪輔衰旺宷
陽順四維陰四正　參前一位用羅經

平洋向上起貪狼訣

乾上貪狼巳巽針　酉辛子癸卯乙辰

亥壬乾甲丙兼戌　六向皆從巽上尋
離上貪狼向午丁　坎方坤艮兌庚申
震臨丑未艮寅向　惟有坤方無此星

四隅陽卦貪狼

乾上貪狼巳巽二陽向酉辛子癸卯乙辰七陰向
巽上貪狼亥壬乾甲丙五陽向戌陰向
艮上貪狼寅陽向
坤上無貪狼

四正陰卦貪狼

坎上貪狼艮坤二陽向
離上貪狼午丁二陰向
震上貪狼丑未二陰向
兌上貪狼申庚二陽向

四隅十二陽位俱順行

艮山坤向　貪在坎　巽山乾向　貪在巽
寅山申向　兌　巳山亥向　巽
甲山庚向　兌　丙山壬向　巽
坤山艮向　貪在坎　乾山巽向　貪在乾

申山寅向　艮　亥山巳向　乾

庚山甲向　巽　壬山丙向　巽

四正十二陰位俱逆行

丑山未向　貪在震　未山丑向　貪在震

癸山丁向　離　丁山癸向　乾

子山午向　離　午山子向　乾

戌山辰向　貪在乾　辰山戌向　貪在巽

辛山乙向　乾　乙山辛向　乾

酉山卯向　乾　卯山酉向　乾

以上照子癸並甲申訣平洋翻在向上算

挨星訣原本

子癸並甲申　貪狼一路行
壬卯乙未坤　五位爲巨門
乾亥辰巽巳　連戌武曲名
酉辛丑艮丙　天星說破軍
寅午庚丁上　右弼四星臨
本山星作主　番向逐爻行
廉貞歸五位　諸星順逆輪

凶吉隨時轉　貪輔不同論
更有先賢訣　空位忌流神
翻向飛臨丙　水口不宜丁
運替星不吉　禍起至滅門
運來星更合　百福又千禎
衰旺多憑水　權衡也在星
水兼星共斷　妙用許通靈

艮寅甲兮巽巳丙坤申庚兮乾亥壬十二排來俱
順行丑癸子兮戌辛酉未丁午兮辰乙卯十二陰
位俱逆走如壬山起例巨到丙祿到未文庚廉中
武戌破壬輔丑弼甲貪辰如庚山弼到甲貪辰巨

丙祿未文庚廉中武戌破壬輔丑俱順數如子山
貪到午巨巽祿卯文艮廉中武子破乾輔酉弼坤
如酉山破夘輔艮弼子貪乾巨酉祿坤文午廉中
武巽俱逆數餘山順逆做此以當令之星飛臨水
口吉水速發凶水減凶又貪狼爲九曜之首其吉
大而且久遠勝諸星輔弼亦妙故曰貪輔不同論
○摘蕉窗問答

又訣 與前訣方位同在山上起貪狼平洋照訣翻對面

子癸甲申起本宮　乙辛丁位巳相逢
卯午酉宮應在巽　丙壬庚位戌中通
丑未逢庚坤艮午　惟有寅山在乙中
乾巽辰戌并巳亥　須知對面是眞踪

又訣 亦與前訣方位同

坤壬乙卯未亦起巨　艮丙辛酉丑同破軍

巽辰亥乾戌巳武位　甲癸申同子俱貪星

庚丁午與寅盡弼路　挨至廉中宮位裡眠

陰十二四正四墓陰干是十二陽四維四生陽干詳

陰逆轉如坎至乾依數挨陽順行若坎至艮逐宮輪

上元吉向貪巨祿　中元吉向文廉武

下元吉向破輔弼　星隨貼水對宮旋

合得三元三吉位　福來極速禍不沾

能將外水星翻吉　出煞收山指顧間

挨星之法其說不一即青囊奧義中坤壬乙四句亦所聞異辭後人又附會各殊紛紛入主出奴奚所適從其所以變洛書之飛而用挨與所以不拘元運挨着而增吉減凶之理實無明驗但就所聞以上二訣姑撮其大意改作七言二訣取其簡便易明以備一則而以所傳原本三訣附後但支離牽合寔與分卦乘運諸法矛盾者多故詳經傳所載可信者附後并附以管見不合數條

辨揆星之非

立說必有奧義然後足以信今而傳後若揆星之說以九星揆配九宮其說不經全屬杜撰不足爲法夫北斗七星昏建所指定時成歲傳自上古今忽增爲九若以紫微宮統論何止數百若止增輔弼二星又曰隱而不現既曰不現有何足據故照代叢書天官考以爲星歷家好奇之論一不可信也一白水至九紫火飛佈九宮即戴九履一之旨今一白水而又曰貪狼木五黃土而又曰廉貞火

同處一宮而五行雜亂從彼乎從此乎二不可信也一卦管三山八卦管二十四山此一定之位也其中甲庚丙壬雖屬陽總歸四正之卦不過照十二地支一層稍讓半字以清其界而必曰全體紅字拽入四維犯出卦之病三不可信也丙向不宜丁捉清陰陽之脈固爲有理而又曰山向是陽星水之來去要陰星則丙向必宜丁矣自相矛盾四不可信也夫北斗至尊居中央而運四方曰帝車者以其全體旋轉象車之形也杓之所指全斗之

精神寓焉是以能化諸煞若四方排列各守一宮失居中臨御之體何以幹旋元氣且有本身魁衡諸星而後可知其所向若杓星獨處一宮其光芒四射無所不指矣五不可信也其餘種種細核與分卦乘運諸法異同不合總屬無本之論

夫兩儀四象八卦九星從河洛中推明先天後天體用之理天以龍馬神龜洩其機上古聖人則之中古聖人推衍之後人無可以私意變更何以同一廉貞或配五黃或配八卦何以貪狼既屬一白

水、而又曰貪狼木、廉貞既屬五黃土、而又曰廉貞
火、二三其說、無怪後人天父地母、變貪化巨、異論
日出、若曰九星隨元運爲吉凶、失令則貪巨武有
時而凶、乘旺則破祿廉文亦有時而吉、則第言元
運可也、何必附此挨星爲贅疣乎、若曰、可以增吉
減凶、則覆驗諸扦、失運則挨吉仍凶、毫無應驗且
斗爲帝車、運平四時、從古聖人憑斗建以明時、故
建寅建子建丑、三代相沿、惟有天樞第一星、而後
知杓之旋轉、如太極之於四象、有太極然後可分

東西南北不然則東家之西即西家之東矣惟斗
亦然無本身何所據而定爲指寅指子指丑耶愚
見莫若仍從斗杓所指諸煞潛藏之說以爲選擇
家之要旨則理眞義切斯爲不易之正論蓋指雖
一方而全斗之精神所聚故能諸煞潛消最爲上
吉然某時指某方終從時上起見故尤爲選時之
要旨至一卦三山陽順陰逆四十八局本屬分卦
中捉脈乘氣之法不必又將九星挨入立論可也
故蔣公亦曰作者須知八卦三元來情眞僞則九

星亦可畧也恐意見亦有不合處特不明斥其非耳但挨星之說起自楊救貧久爲元空家之秘訣故仍存其說附以管見俟後之深明其理者考焉

蘭林

附查史記天官書斗爲帝車運於中央臨制四鄉分陰陽建四時均五行移節度據此則北斗固均五行而統管五行者也

又漢書北斗天之喉舌斟酌元氣運平四時

又晉書天文志曰魁一星天樞主天二曰璇主地

三曰璣主人四曰權主時五曰玉衡主音六曰開陽主律七曰瑤光主星亦第言主不言屬也亦無所謂貪狼等名也春秋運斗樞曰北斗七星第一天樞第二璇第三天璣第四權第五玉衡第六開陽第七瑤光一至四爲魁五至七爲杓杓合爲斗居陰佈陽故稱北極據此亦無所謂貪狼等名也又昭代叢書天官考北斗只七星或云九星爲九州象其二星常隱而不現夫天昭昭之多也不見者亦孰得而辨之皆星歷家好奇之說耳

李太僕紫桃軒集曰、北極五星、鉤陳六星、皆在紫宮中、北極辰也、其紐星天之樞也、天運無窮、三光遷曜、而極星不動、故曰居其所而衆星共之、賈逵張衡蔡邕王蕃陸績皆以北極紐星爲樞、是不動處也、祖暅以儀準候、不動處在紐星之末、猶一度有餘、凡天無星處皆曰辰、惟北極紐星、爲衆動之樞、其末一度有餘、適無別星、故得驗其不動耳、其餘術家附會之書、雖有貪狼等名、俱屬淺陋不經、尤不足信、不及細載、卽蔣大鴻辨正靑囊奥義註中亦曰北斗乃七政之根源八卦乃乾坤之法象顧於其中分彼此比優劣眞詭怪之談只是天地流行之氣與時相合者吉相背者凶豈惟貪巨武爲吉卽破祿廉文亦有時而吉則與乘運衰旺原相合一則立向消水單講元運之衰旺而九星自在其中又何必勉強挨入致多後起之葛籐耶

天文微渺非其人之資性出羣通乎三才者安能觀象察法通乎神明洞若燭照耶吾輩未諳天文

第就經史之足據者採之爲明証如是而已又烏敢道聽塗說妄信妄談作術家口吻故挨星之說並非好爲立異翻駁前人另竪一赤幟也 蘭林

地理合璧卷七終

周同纘子緒
王銓濟巨川 校字
沈爾晟景陽

八　共計捌冊

七政造命法

選擇摘要

造命集要

四時陰陽五行恩用等共五例

六合配七政圖　附地支六合圖

諸星纏度六爻宮共五則　并圖

選時斗杓

造命歌

渾天寶鑑

附陽宅得一錄　並圖

地理辨正錄要合璧

直解　霞湘
續　悉遵原刊

己巳春朱壽朋題

地理合璧題詞

聖賢大道此為首端救濟良策修齊偉觀
兩間造化二氣旋盤潛心研究祕法聿完
此道通曉物阜民安邦家之光美哉斯刊

戊辰冬至紫霞撰句　朱壽朋書

地理合璧錄要卷之八

選擇摘要序

選擇之書。汗牛充棟。然此是彼非。要皆毫無証驗。豈若日月五星之昭回於天。彰彰共見乎。遵七政書之經緯躔度。以定時日。則扶補山向。節宣寒暑。以得中和之氣。所謂地德上載天光下臨。是即有吉而無凶矣。烏有藉於斗首元辰諸說乎。今摘錄前人之法則簡捷易明者數十條。彙為一册。以備選擇之要旨。若夫運用之妙。則存乎其人之化裁。毋嫌淺略不備也。

嘉慶壬戌日躔鶉首之次蘭林于楷記

地理合璧錄要卷八目次

地理合璧　卷八

渾天寶鑑

附陽宅得一錄 并圖

地理合璧錄要卷八

秀水于楷端士纂
上海朱之翰紫君校

選擇摘要

七政造命法

選日要明恩用忌難生我爲恩我生者爲用剋我爲難我剋者爲仇我者命宮度也冬至前後爲陰令用火羅忌水孛夏至前後爲陽令用水孛忌火羅春秋分之十五日爲平氣水孛火羅兼用如陰令安命子丑二宮土以火爲恩命主與火羅有情謂之以恩爲用眞至

寶也若安命寅亥木宮木以水為恩陰令忌用水孛謂之以恩為忌壽而貧也若安命辰酉二宮金以火為難謂之以難為用多顛倒如陽令以火羅為忌而安命辰酉宮為以難為忌身不保也如陰令安命火宮陽令安命水宮為星宮得地花滿揚鞭餘可類推

何謂有情恩用相照也七政照法有六曰關隔九十度如子宮卯酉是關曰輔隔六十度如子宮寅戌為輔曰夾前後三十度如子宮丑亥為夾曰拱隔一百二十度如子宮辰甲為拱曰守命宮曰照對宮再合斗杓斗杓宜向不宜坐造葬皆宜斗杓指向再能到命宮更吉

出行上官婚嫁皆準之、造則遇卯安命、（出行上官婚嫁同）葬則遇酉安命、蓋卯酉爲日出入門戶也、安命在初進宮及將出宮之六度半爲淺、度主之。七度至廿二度半爲深、宮主之。如子宮壬七度半癸七度半皆爲淺。天元歌曰。大約六度是分疆、連初度則七度矣、言不及半、故曰大約也、此地盤（亦曰靜盤）安命用之、安命既定、將日躔加於用時之上、謂之天盤、（亦曰動盤）如十一月太陽在子、用卯時。則子加卯。各宮經緯依次排列、則知卯時動盤各星宜忌。推生命亦當如是方準、今之星

土地師皆以靜盤推算、已無準驗、再用四知堂通書、則更遠矣、必遵監本七政書、無惑乎童而習之、終身不得究竟也、

選擇摘要

一選擇先定造葬山向方有主宰、

一選擇先取　憲書所宜之日不犯太歲歲破等諸凶煞、及與命宮無冲尅者、然後查七政恩用諸法、其課內外本末兼顧、純粹無疵、

一造葬以命宮命主并向爲重、山次之、

一造命先定斗杓到向、後安命宮最便、當倘方向時日不能、亦不必拘、特斗杓指坐山、則斷不可耳、

一安命宮、以所用之時、即作太陽所泊之宮算起、順

數遇卯安造命遇酉安葬命假如太陽在亥宮選擇用寅時卽將太陽移至寅宮作亥算從亥順數至午上遇卯安造命凡出行上任嫁娶生命亦同數至子上遇酉安葬命

一造命之法以恩用仇難爲主如春分以後爲陽令宜用陰星相輔命主宜泊木宮水宮如木宮安命取水孛爲用星又生我爲恩金星尅我爲難火羅陽星爲忌秋分後爲陰令宜用陽星相輔命主宜泊土宮火宮如土宮安命取火羅爲恩爲用木星爲難水孛陰星爲忌若夏日水宮安命命主又泊水宮冬日火宮安命命主又泊火宮是謂星宮得

地花滿揚鞭最上之格也至於日月兩宮四時皆可安命而得力則在晝用日夜用月春秋二分爲平氣水孛火羅金計土皆可陰陽兼用細觀天元五歌便得其詳

一造葬要取日月恩用與命宮命主山向關照有情其所謂關照者守照夾輔關拱而前後參差不越六度之外也本宮爲守對宮爲照隔一宮爲夾隔二宮爲輔隔三宮爲關隔四宮爲拱惟對宮兩旁之宮無情卽所謂吉星落限也各宮各星所躔之

度、與我所安所向所坐之度、前後參差三度、中隔一二度爲最親切、中隔五度爲半親切、在六度之外、不相涉矣、

一五星四餘、不論吉星惡曜、只論恩用仇難

一安命要分深淺、深則論宮、淺則論度、如初入宮前七度、與將出宮後七度、俱爲淺、再加各半度、共去十五度、惟中十五度、乃爲深耳、試以子宮論、自子初度爲斗廿三度、至六度爲牛五度、寔爲子之第七度也、俱以淺算、安在斗度、則命主爲木、安在牛度、則

命主爲金、子七度、牛六度、乃歧度、不可以立向安命矣、子廿二度亦是歧度、自廿三度至廿九度俱爲淺屬虛日鼠、以日爲命主、不得作子算、以土爲命主、餘宮倣此、

一日月食前後各七日不用、

一水火同宮度不用、

一羅孛同宮度不用、

一日月與土星同宮度不用、

一日羅同宮度不用、

一月計同宮度不用、

一恩用退伏爲凶、忌難退伏爲吉、

一有與太陽衝者不用、

一計羅攔截日月恩用命主、無他星混雜者最吉、

一忌難當天照我、雖不親切、亦不可用、我者山向命宮主也

一雖用動盤爲主、而靜盤亦須詳審、動爲用靜爲體

一天星入宮太淺、須移前湊合、當用時之上刻、天星入宮過深、須退後湊合、當用時之下刻、如山向與天星適中者、則取時之中刻、

此初學之津梁入門之大旨至參伍錯綜神而明之則存乎其人然規模大略終不出此範圍也 蘭林

地理合璧　卷八　六

造命集要

造命之法、以日月恩用之拱夾定格、以晝夜陰陽之分定局、以日之躔度定時、以時定命、以命定恩、以二至二分之時令定用、

用天星須分晝夜、晝用日水木炁土計、夜用月孛金火羅、先看日月、次察五星、

春秋二分不冷熱、爲平氣、晝用日木炁土計、夜用月孛金火羅、寒暑兩時之候、土金各有所忌、節氣平分之際、土金俱無所碍、如爲恩爲難、又當分別、

春分前用火羅計土亦可用木氣、分後兼用月水孛金、將近立夏、純用月水孛金、忌木氣、

秋分前用水月孛金、分後兼用日火羅、將近冬至純用日火羅、亦重木氣、

日月五星、一時八刻一移宮地盤一日靜盤不動、天盤即動盤一時一轉、以此山之地局、合此刻之天盤、吉凶隨時而變、同日之命、吉凶頓改、故造命之法、擇時爲主、

凡立命既看日之躔度到宮以定時、即以時定命日

出於卯造日用之月生于酉葬日用之

日時只論孤虛者凶旺相者爲吉總以日月五星所坐之宮所躔之度爲定評得其陰陽冲和之氣爲吉得其太過不及之氣及尅洩者爲凶

兩宮交界之度及同宮換宿之度分杪要算絲毫不可差錯如星躔申宮井度命次未宮井木雖隔宮而關係最深若命坐角度星麗亢金即同宮而寔無干涉

天有四極紫微垣在亥太微垣在午天市垣在寅少

微垣在酉

本命之命宮及宮主度主身主俱要落得好（以相生為貴）
命垣有五行之辨助命垣為生剋命垣為鬼煞水火
土金隨時而定其衰旺亦隨宮隨命而定其生煞
最取有恩有用恩用要因時必忌難之無侵始用恩
之有據用若專權為上格忌星一雜福斯輕又恩
難雙行窮通交半
度主身當極旺時宜洩而不宜生不須再用恩星但
得用曜作根源平令獨恩難發達衰時得令倘無

慾、

凶星退逆遲留爲吉恩用則不能爲福難忌犯現爲凶、恩用則吉、

人命以命宮爲主造葬以坐山爲主

鳩工甃砌、本山之衰旺宜詳創造經營當令之土星莫犯、諸凡興工動作須擇旺方起手衰方不宜動作此衰旺非通書之生殺方也須看天盤土金落于何宮何度不宜侵犯每年五黃所到之方亦不可犯

太陽星 晝用 屬午宮

日爲太陽之精中天福照、七政流恩、建極神樞亥宮四

餘煥彩星曜中天照我頂度柳初恩曜福德光燄異常如皇建有極權勢巍峨諸曜環親而相顧四餘順照而不敢爲非

日爲我命最忌單行如日月雙收而有吉星輔者更吉若孤行獨明于上路如又逢身垣四極亥午寅酉之俱空反成孤曜

日月與命宮三方弔照或與度主三合拱照衝照或與本命同宮同度隔宮引從福力最厚日月在前後兩宮夾拱福力最大總取日月照臨命宮命度爲吉又看日月度數之長短以定吉少吉多若與

我無情則凶日月夾命稱貴格然須兩宮拱夾方貴若同宮拱夾則命主遇太陽而伏

日躔房虛星昴四宿之度為太陽升殿更有力

時當薄蝕七日內無光不用

日躔角化木亢化金氐化土房為日不化心化月尾化火箕化水擇其所躔之吉星吉度蘭林氏曰日為七政之主

豈有君之反化為臣者此說恐有誤管見以日為太陽屬火若遇箕壁參軫四水宿則相尅無力須移前後數刻出水度避之為妥然亦要看時令若化木化水之說非正論

夏令金水守太微垣主吉

午宮有木忍而無恩用救援則星日間隔陽光遏抑

太陽怕羅睺、又房日怕孛星、昴日怕羅星、

太陰星　夜用　屬未宮

月爲太陰之精、最忌單行、如日月雙收而有吉星輔佐者最吉、若孤行獨爍于中宵、又逢身垣四破亥午寅酉之俱空反成孤曜、

日月與命宮三方弔照或與度主三合拱照冲照或與本命同宮同度、隔宮引從福力最厚、日月在前後兩宮拱照、夾命尤吉、總取日月照臨命宮命度爲吉、若無情則凶、

月値心危張畢四宿更有力
太陰與計都同度立時見殃若再耀土星則計之權
力深凶尤甚
逢晦朔日與日同宮同度人命逢之吉不必專取望
日但當薄蝕七日無光不用
太陰防計都又四月宿皆防土星計都心月畢月怕
逢羅孛

☿水星　晝用　屬申巳宮
須看何宮何度要分冬夏恩仇夏至暑極專重水若

春秋中序節氣平分須水火雙用冬令重火若水星輔日或守或照不吉如水火爲難又値忌星更凶

木命以水爲恩夏令遇之以恩爲用也冬令遇之以恩爲忌也

水星忌躔土宿及與土星對照或仝宮又水弱愛金水旺不怕土四季水不尅火

金星 夜用 屬酉辰宮

太白在東日前收歛爲德在西日後放縱爲刑爲恩難者

須分東西而斷并看時令若寒暑兩時各有喜忌

節氣平分俱無所害如爲恩爲難又當活看（忌與火星對照及全宮）

【水】命以金爲恩夏令遇之以恩爲用也冬令遇之以恩爲忌也

木命以金爲難夏令遇之以難爲用也冬令遇之以難爲忌也

金弱愛土又金旺不怕火又夏金不尅木

入中宮爲晝現恩則吉難則凶又太白晝現經天乃

太陽失權所致如係難星忌星固凶即係恩星亦失權不吉到午宮為經天

火星 夜用 屬戌卯宮

須看何宮何度要分冬夏恩仇冬令極寒專用重火若春秋平序須水火雙用夏時重水若火星輔日或入地當天不吉如水火為難而又值忌星更凶

土命以火為恩冬令遇之以恩為用也夏令遇之以恩為忌也

金命以火為難冬令遇之以難為用也夏令遇之以

難爲忌也

火弱愛木火旺不怕水又冬火不尅金又忌水孛對照及同宮

木星　晝用　屬亥寅宮

歲德守命一世貞祥○尊星領袖當關諸貴趨從群邪退避

福壽之主春秋皆重冬令尤溫夏令太旺

火命以木爲恩冬令遇之以恩爲用也夏令遇之以恩爲忌也最吉之星不作難論然午宮徒有木氣

而無恩用救援則星日間隔陽光遏抑所臨之處最吉對冲之方則凶又忌金星對照木弱愛水又木旺不怕金又秋木不尅土

土星　晝用　屬子丑宮

寒暑兩時土金各有所忌節氣平分俱無所碍如爲恩爲難又當活看

金命以土爲恩春分遇之以恩爲用也夏令遇之亦爲至寶如夏金無土又遇火必災秋金旺令有土無火反難鍛煉冬金遇土無火以恩爲忌也

水命以土爲難春分前遇之以難爲用也夏令遇之
以難爲忌也
土弱愛火忌木星對照及同宮又土旺不怕木又春
土不剋水
土爲凝滯之氣不宜當天横照又土入未宮能掩太
陰如無吉星護衛月魄無光
凡興工動作須看天盤當令之土金落于何宮何處
不宜侵犯
月孛星　夜用

一入中宮（命前三位）卽名經天、彼我深淺不同、不相干涉、冬寒禍大、夏令反受其益、

太乙（孛）與羅睺同度、初年不利、若旁照水曜、則孛之威勢大、尤凶、

木命以孛爲恩、夏令遇之、以恩爲用也、冬令遇之、以恩爲忌也、

火命以孛爲難、夏令遇之、以難爲用也、冬令遇之、以難爲忌也、

文武雜局、有美有惡、四餘獨行、往來無碍、彼此順序

相安若同經混雜順逆難齊彼此相爭不讓此條四餘皆同

紫炁　晝用

炁星即景星守命吉如夾輔追隨亦大利帝曜臨垣群邪退避逢凶化吉福壽之主春秋俱重冬令尤溫夏令嫌太旺火命以炁為恩冬令遇之以恩為用也夏令遇之以恩為忌也最吉之星不以難論然午宮徒有木氣而無恩用救援則星日間隔陽光遏抑

羅睺　夜用

羅爲權要之星、朔日與太陽對度、則日蝕薄蝕時諸事不利、安葬尤忌、造葬俱不可坐山尤宜愼

羅與孛星同度、一往一來、初年不利、若旁照火星、則羅勢更大、患愈深矣、

土命以火羅爲恩、冬令遇之以恩爲用也、夏令遇之以恩爲忌也、

金命以火羅爲難、冬令遇之以難爲用也、夏令遇之以難爲忌也、

計都　晝用

地尾計與太陰同躔立時見殃倘再曜土星則計之權力大尤凶

望時與太陰同度則月蝕同經相聚亦凶若薄蝕時諸凡不利安葬尤忌

計能掩日月之光朔望遇之凶觀其盈虛即相近亦不犯

金命以土計爲恩春分遇之以恩爲用也夏令遇之亦爲至寶冬令遇之以恩爲忌也

水命以土計爲難春分遇之以難爲用也冬令遇之以難爲忌也夏令亦以難爲忌

計入未宮如無吉星護衛則月魄無光

此與上一篇大同不異微有彼此詳略之不同惟此篇於五星四餘分疏性情宜忌處各有條例使用之者了然心目是以不嫌重複而並錄之蓋凡事之足以資參考備規則者正復不厭其詳也　蘭林氏跋

四時陰陽五行定例

立春後三十六日屬陽木　又三十六日屬陰木

又十八日屬陽土

立夏後三十六日屬陰火　又三十六日屬陽火

又十八日屬陰土

立秋後三十六日屬陽金　又三十六日屬陰金

又十八日屬陽土

立冬後三十六日屬陰水　又三十六日屬陽水

又十八日屬陰土

恩用仇難

生我者爲恩　我生者爲用　尅我者爲難　我尅者爲仇

令星

春木夏火秋金冬水四季土

用星

木見火　火見土　土見金　金見水　水見木

造命十二地支陰陽五行所屬

子丑土　寅亥春木　卯戌夏火　辰酉秋金

巳申冬水　午太陽　未太陰

六合配七政圖

水 金 火 木
申 酉 戌 亥
月 未 子 土
日 午 丑 土
巳 辰 卯 寅
冬 秋 夏 春

協紀辨方曰離爲日坎爲月午之爲日是矣子之不爲月者何月者水之精懸乎上受日之光而與日並其方固必在未也地者水也土也子水丑土其爲地之體無可疑也地土也故子丑爲土也天位乎上地位乎下行乎兩間者必木火金水矣子丑爲水土水土之際木必生焉所以亥寅爲木木成而火已出矣故以卯戌配火戌爲黅天之氣戊之所居黅天之氣始于辰辰亦戊也土旺生金故辰酉爲金酉居金旺之極而水已生于申對宮爲巳巳又金之母也水必納于母氣故申巳爲水也水爲生物之源是以麗乎日月其次則金其次則火其次則木其次則土五緯之序水最近日金次之火又次之木次之土又次之此麗乎天者自然之序也五行之在地其根于土者惟木木上生而爲火土又上生而爲金金又上生而爲水如畫卦之由下而上也此行乎地者自然之序也然則五星五行具有實理而非人所能強爲也

地支六合圖

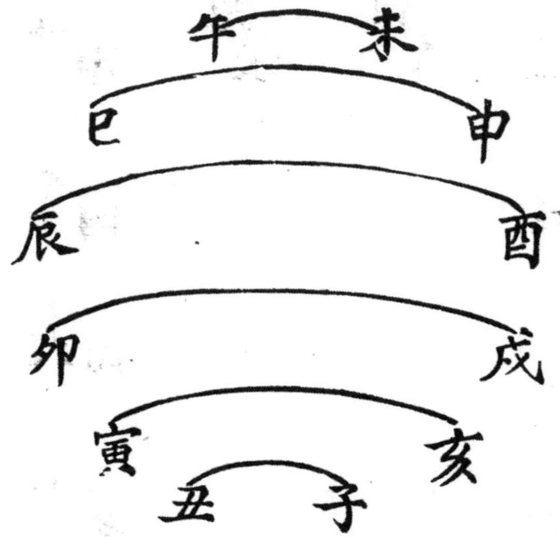

子水合丑土寅木合亥水卯木合戌土辰土合酉金巳火合申金午火合未土

考原曰六合者月建與月將相合也如正月建寅日月會于亥十月建亥日月會于寅故寅與亥合也月建左旋月將右轉順逆相值故爲六合

協紀辨方曰月無光受日之光月行與日合而成歲紀則是日者月之將也故曰月將非別有一神從日而右轉者也

諸星行宮行度定局

太陽星日行一度　月行一宮

太陰星日行十三度　兩日半行一宮

水星順日行一度　月行一宮

金星順日行一度　月行一宮

火星順日半行一度　兩月行一宮

木星順五日行一度　一年行一宮

土星順十日行一度　廿八月行一宮

月孛右旋九日行一度　九月行一宮

木炁右旋廿九日行一度　廿九月行一宮

火羅左十八日行一度　十八月行一宮

土計左十八日行一度　十八月行一宮

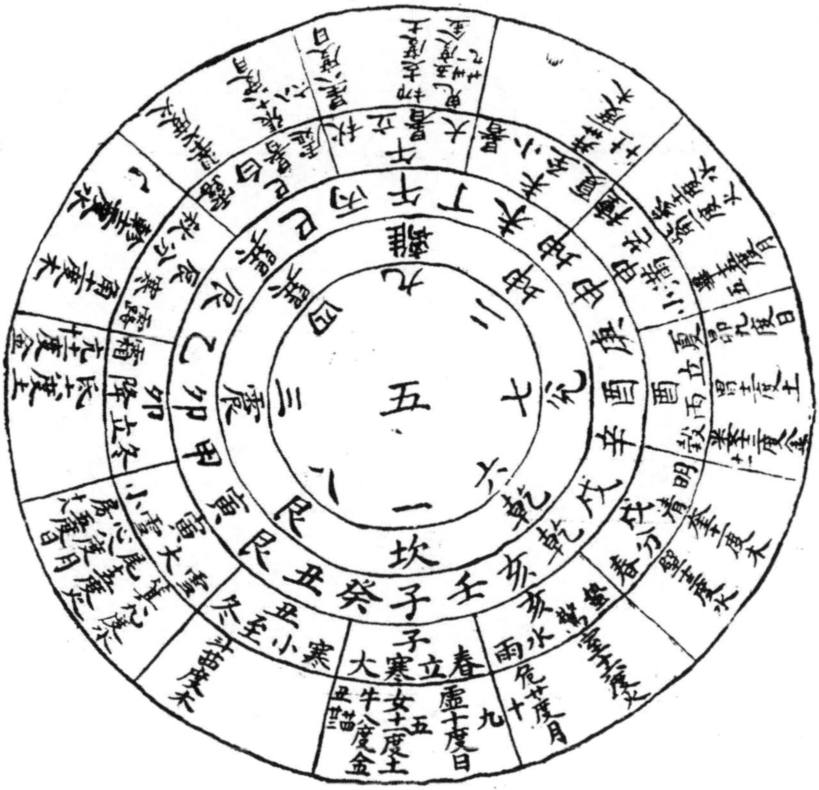

地支十二位所屬二十八宿躔度自左至右逆數

未	井廿八 井一 參十
申	參一 觜一 畢一 昴五
酉	昴一 胃一 婁一 奎十一
戌	奎十一 壁一 室十
亥	室一 危一 虛十
子	虛九度 虛一度 女一度 牛一度 斗廿二度
午	星一 柳一 鬼一 井廿九度
巳	翌 張一 星六
辰	角一 軫一 翌十
卯	氐一 亢一 角十
寅	箕一 尾一 心一 房一 氐十八
丑	斗廿二度 斗一度 箕二度

二十八宿度數

角木十一度 亢金十一度 氐土十八度 房日五度 心月八度

尾火十五度 箕水九度 斗木廿四度 牛金八度 女土十一度

虛日十度 危月二十度 室火十六度 壁水十三度 奎木十一度

婁金十三度 胃土十二度 昴日九度 畢月十五度 觜火一度

參水十一度 井木三十一度 鬼金五度 柳土十七度 星日八度

張月十八度 翼火十七度 軫水十三度

此三百六十度略舉成數爲備考入宮之深淺其中初度半度零數不及細載 蘭林氏

二十八宿黃道度數 錄明史天文志

角 十度三十五分　亢 十度四十分　氐 十七度五十四分　房 四度四十六分　心 七度三十三分

尾 十五度三十六分　箕 九度二十分　斗 廿三度五十一分　牛 七度四十一分　女 十一度三十九分

虛 九度五十九分　危 二十度〇七分　室 十七度　壁 十三度十六分　奎 十一度廿九分

婁 十三度　胃 十三度〇一分　昴 八度廿九分　畢 十二度五十八分　參 一度廿一分

觜 十一度三十三分　井 三十度廿五分　鬼 五度三十分　柳 十六度〇六分　星 八度廿三分

張 十八度〇四分　翼 十七度　軫 十三度〇三分

黃道交宮宿度

箕四度十七分入星紀　牛一度〇六分入元枵

危一度四十七分入娵訾　室十一度四十分入降婁

婁一度十四分入大梁　昴五度十三分入寔沈

觜十一度二十五分入鶉首　井廿九度五十二分入鶉火

星七度五十一分入鶉尾　翌十一度二十四分入壽星

亢初度四十六分入大火　房二度十二分入析木

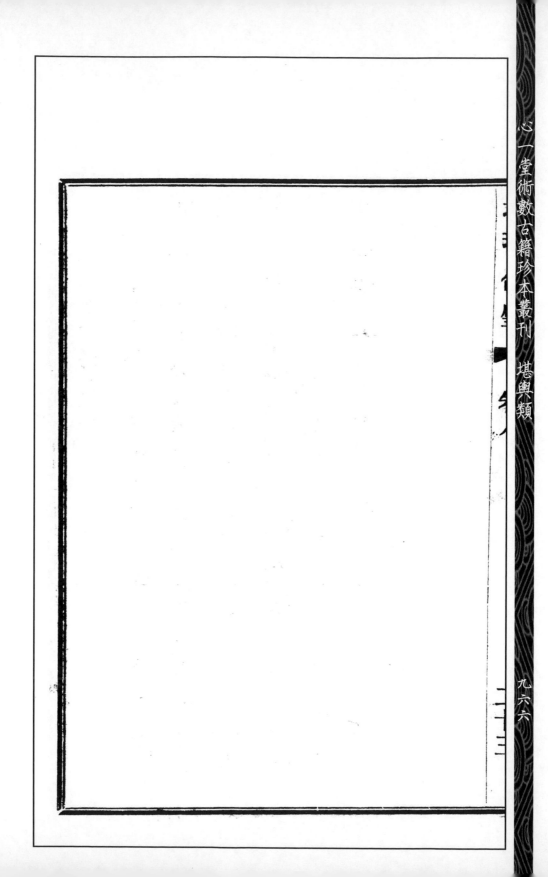

選時斗杓

蘭林于　楷集　紫君朱之翰校

斗杓訣

以戌時加月建順數某時指某方者是脩方每日用斗杓所指之時動手最便假如罡星指子則其身在午所指者吉順之也所在者凶犯之也餘位倣此

月月常加戌時時建破軍破軍前一位永世不傳人

斗杓指例一說立春雨水子時指辰起

雨水　驚蟄　子時指辰

春分　清明　子時指巳

穀雨　立夏　子時指午

小滿	芒種	子時指未
夏至	小暑	子時指申
大暑	立秋	子時指酉
處暑	白露	子時指戌
秋分	寒露	子時指亥
霜降	立冬	子時指子
小雪	大雪	子時指丑
冬至	小寒	子時指寅
大寒	立春	子時指卯

一歲四時之候皆統於十二辰者以斗罡所指之地即節氣所在斗有七星其第一星曰奎第五曰衡第七曰杓此三星謂之斗綱如建寅之月昏則杓指寅夜則衡指寅平旦則奎指寅而總以杓所指者定時成歲故正月指寅二月指卯三月指辰逐月順推謂之月建天之元氣無形可窺北斗樞幹四時斟酌元氣造化之大柄也選擇家以斗杓所指衆煞潛形故重之

天罡者即斗杓也每日初昏時所指者即月建之

方故曰月月常加戌時時建破軍蓋以戌時加月建順行至所用之時便得天罡星所指何方也如正月建寅則寅時指午方子時非指辰乎餘可類推

通德類情又駁之曰通書謂天罡星其神威烈其氣勇猛順之者吉逆之者凶方道惡煞得天罡所指化凶爲吉然方道惡煞當論制化不得以一指了事也愚謂小凶可化大凶則仍當或避或制誠不可耑倚斗杓 蘭林氏識

附楊筠松造命歌

揚郡 道述之註　　上海王銓濟巨川校

天機妙訣值千金、不用行年與信音、但看山頭併命位、五行生旺好推尋、

此一節爲通篇之冐、鋒不顯而的破、言不多而義顯、其所以指迷途者至矣。五行只用正五行、

一要陰陽不溷雜、二要坐向逢三合、三要明星入向來、四要帝星當六甲、

第一要陰陽不混雜、如陽令宜水孛、不可要緊位

上雜以火羅陰令宜用火羅不可雜以水孛用日宜晝用月宜夜之類不必牽入擇地上講蓋此爲選日而言非爲擇地而言也二要坐向逢三合乃三合拱弔兼關夾拱照而言舉一以例餘也三要明星入向乃當令之日月五星到山到向爲吉四要帝星當六甲以四時分旺之帝星而言日實主之取用日元適當六甲之旺令則他干支之神煞非休即囚惟我令是從矣

煞在山頭更若何貴人祿馬喜相過三奇諸德能降

煞吉制凶神發福多

用貴祿制煞必當取用眞祿眞貴但眞不易得不得已而用飛耳然總以前之四要爲最不可貪此失彼竟捨其本而逐其末也

二位尊星宜値日一氣堆干爲第一拱祿拱貴喜到山飛馬臨方爲愈吉三元合格最爲上四柱喜見財官旺用支不可有損傷用干最宜逢健旺生旺得合喜相逢須避尅破與刑衝吉星有氣小成大惡曜休囚不作凶

二位尊星、即當六甲之帝星、恐人不悟、又揭於此、而以一氣堆干例之也、尊星有二位、如木旺於春、春日有事於木山、必取甲寅乙卯二位尊星、使之値日也、萬不可得、而用他日者、則必有許多調停帮助之法、而猶不及二位尊星之力、所以甲與乙爲二位尊星、三元合格、即申子辰等之三合局也、吉星當旺令、雖小力大、惡曜至休囚、雖凶不凶、所以制煞、必於其休囚之日、

山家造命既合局、更有金水來相逐、太陽照處自光

輝周天度數看躔伏六個太陽三個緊中間歷數第
一親前後照臨扶山脉不可坐下干支缺更得玉兎
照坐處能使生人沾福澤
山家造命干支已皆合局則當更取天星以助之
天星十一曜利用者莫如日月金水日月爲眞陰
眞陽君后之象也恩光到處無不榮昌金喜其清
水愛其秀至土濕火烈人皆畏之固已而木爲福
德之曜何以亦見棄於日家謂其能蔽日月之光
拘矣用之不與日月同躔宮度何蔽之有土爲萬

物之母、水火民非不活、何以亦偏廢之耶、調劑寒熱、各有其候、皆宜斟酌取用、然楊公非論五星全體全用也、蓋其造命本用干支爲主、特取天星之極純極粹者輔之、以盡其致也、六個太陽、謂星盤上、守夾輔關拱照、在山曰守、在向曰照、造葬重山三個緊、乃守夾拱之於山也、第一親、是歷歷數來而取其在頂度者而用之也、頂度前後各三度也、坐下不可缺、謂坐下之干支、不可無日月金水照到也、

方方位位煞神臨避得山過向又侵只有山家自旺處天機妙訣好留心支如不合干中取迎福消凶旺處尋任是羅侯陰府煞也須藏伏九泉陰

歸根宿命總結到山家自旺處可知帝星當六甲卽是山家自旺之處山當自旺卽諸吉不臨而本身旺氣亦足以壓伏羣凶況又有吉星以助之哉自旺必要如前云有事於木山宜用木德旺月用甲寅乙卯旺日兼用亥卯未旺局如干支不能俱備干則不可不合是也其次相日亦得生氣無如

泄山益中有損如是通盤打算總不若甲乙之妙
故以帝星尊星推之有以也夫

附渾天寶鑑

慈水孫廷楠景堂著

自敍

上海周同纘子緒校

竊聞陰陽既判氣數流行剛柔相推性命各正性者氣之先氣本於性而性則未始氣氣所由以生命者數之始數本於命而命則未始數數所由以興在人爲五倫仁義禮智信秩然而各足在天爲七政日月星辰燦然而不紊同一性也而淸濁厚薄氣卽隨之同一命也而壽夭窮達數卽定焉是以代謝屈伸相尋而不息盈虛消長反覆而無窮盛盛衰衰靡有紀

極興興廢廢不可端倪春夏秋冬徵地氣之隆替晦明弦朔見天數之循環生殺周流貫通終始陰陽相見人物榮昌此皆氣數爲之往來而人莫之察也自異端蜂起人淆瞽說家述僞書相地者唯干支是求而氣數之生尅弗究也選日者唯干支是尙而氣數之衰旺弗知也舍活潑之陰陽而用版煞之干支仇忌攻侵吉凶顚倒俾葬者失福而得禍山川有靈豈能向人自白其寃哉予幼習詩文長失恃怙奉親之訓命學堪輿日讀天文地理之書旁通諸子百家之

說苦心考證邪正奚分勵志鑽研是非莫辨後從學於環陽夫子而氣數之精微始透澈而靡遺然後知時書時術其有害於世道人心不少也夫義和之選日授時梓慎之剛柔選擇楊公之渾天烏兎文成之玉歷璣衡皆本於日月五星而干支之生尅不與焉聖人仰觀象緯布列宮垣辨生煞以分榮枯審時令以立恩用迎神避鬼去煞留生建造化之樞機爲生民之主宰豈諸家之選擇純用干支棄本逐末者可同日而語耶天星生旺理極淵深因得師傳方能洞

悉今特披荆闢路闡發指明俾天下後世爲人造福

之士闢域而不惑於他歧者未必無小補云爾

附渾天寶鑑

慈水孫廷楠景堂著
上海周同纘子緒校

五星擇日論

嘗聞地德上載、天光下臨、二氣冲和、萬靈毓秀、是以仰觀象緯、先王敬授人時、俯察山川、聖人裁成地道、然山川之徵應、遼緩難期、象緯之休嘉、昭明易驗、盛衰興廢、本氣數之循環、壽夭窮通、寔五行之變化、休旺雖歸氣數、安危先在星辰、故氣數未來、難發山川之秀、星辰既得、易顯化育之功氣數未遇惟藉葬日之天星可以發福於初年即氣數已逢而葬日亦不可不合天星也三元甲子子午卯酉爲上元寅申巳亥爲中元辰戌丑未爲下元五行即天星之七政非干支之五行學者切莫錯認

穴吉葬凶縱吉讓不能見效時㫏日利即頑山亦有餘榮故擇日不重干支選時必資星象

自異端橫起邪說流行習染已深賢愚共陋詎知日月爲乾坤主宰五星寔造化神樞但精微久晦而難

聞、學士何由而啓悟、略陳大槩、敢質高明、
日月爲發育之眞機、五星爲造化之根本、氣之流
行、疾於桴鼓、七政相生、吉凶互見、非時說紛紜、茫
無效驗之比、故略吐露一二、以明眞僞之不同、
夫後裔亢宗、歸功於陰地、土人復命、取效於陽星、星
掌生命之權、造命之機、神迅速、地主司成之職、形勢
之感應濡遲、分道揚鑣、同途異轍、故興衰視星光之
功用、榮枯本登穴之星辰、時日正祥、朝封夕熾、天星
乖謬、旦穴暮悲、

旺運未交必藉葬日之吉星以生化命其效在於陽星以地靜而應遲天動而應速故功效有不同也以下俱言五星作用

蓋星照生煞之神象列宮垣之數五星隨垣而定八神依數而分有一曜之生神有一星之鬼煞必生收而煞去始鬼避而神迎

五星有生煞之分命垣有五行之辨助命垣爲生神尅命垣爲鬼煞日月爲陰陽之主木炁乃福德之神水火土金隨時而定其衰旺亦隨宮隨命而

定其生煞也、經云藏神合朔、鬼避神迎、出煞收生、
日時大利、
彗入天中、先看經星之深淺、計橫地面、復觀日月之盈虛、退逆遲留、當加詳審、犯侵伏現、更用深求、異度而同宮、災祥無涉、異宮而同度、禍福攸關、得失憂虞、必考衆星之入地、吉凶悔吝、先究諸曜之當天、
彗即孛星、一入中宮、即名經天、命前三極爲中宮、要看深淺、彼深我淺、彼淺我深、不相干涉、須論時令、冬寒禍大、夏令反受其吉、計能掩日月之光、朔

望遇之則凶觀其盈虛卽相近亦不犯災凶星退逆爲吉遲留亦然雖忌犯現爲凶恩用則吉同度各宮如星躔中宮井度命次木垣井木雖隔宮而關係最深若命坐角度星麗亢金卽同宮而寔無干涉地天兩宮一生禍福攸關故當考究午宮高居頂上古人以官祿名之左福德相貌右遷移疾厄此五宮之星皆宵見於天者也子宮水土卑下古人以田宅名之左兄弟右男女皆共此田宅者也兄弟之左爲財帛是與我共有者也男女之右

爲奴僕、是服役於吾家者也、此五宮之星、皆隱於地中而不現者也、左右前後、宜細加審察、方可選用、

水火福澤之基、宜分冬夏、木炁壽元之本、不論春秋、

水火活命之根、須看何宮何度、要分冬夏恩仇、木炁福壽之主、春秋俱重、冬令猶溫、惟夏令太旺、壽有餘而文不足也、炁星若現、卽名景星、主大祥瑞、歲星所在爲珍、若對衝則反爲咎、太白出東爲德、如西現則轉爲刑、

木煞守命、一世禎祥、若夾輔追隨、亦為大利、木星所臨之處最吉、對冲之方即凶、金星在東則收斂、在西則放縱、日前為東、日後為西、金星為恩難者、須分東西而斷、并看時令、若入中宮、則為晝現、恩則平步青雲、難則凶禍立至、不可不細加詳察、

水輔陽光、冬令無立錐之地、火隨日影、夏時有回祿之憂、

冬令重火、若水星輔日、或守或照、俱孤苦貧窮、而祖基淺薄、夏時重水、若火星輔日、或入地、當天、主

刑傷回祿而家業蕭條如水火爲難而又値忌星
則身家不保矣
冬夏二至不同恩用原無專主寒暑兩時自巽土金
別有眞詮故節氣平分湏陰陽之互用春秋中正惟
水火之雙清
冬夏二至寒暑之極專重水火若春秋中序節氣
平分須水火雙用若寒暑兩時之候土金有所忌
節氣平分之際土金俱無所碍如爲恩爲難又當
活看此數段俱足上文之義而推廣言之

天首亢陽童歲成孤此時日食偶逢會見烝嘗莫保
地尾侵月髫年失恃倘遇蟾光被掩佇看煢獨亡家
天首羅睺星也地尾計都星也朔日與太陽同度則日食近則尅
父地尾計都星也望時與太陰同度則月食近則
尅母同經相聚一生貧苦而形尅更深薄蝕之時
諸凡不利而安葬尤忌

計入秦州徒抱雲霄之志孛躔東井頻來庚癸之呼
未宮月申宮水計星守未宮能掩太陰之光故有
才而不遇孛躔東井水入秦則晉熟秦飢入晉則

晉飢秦熟孛乃水之精次於井則水荒更甚
羅鑠酉辰田園耗散孛攻卯戌男女荒淫廢興半在
孛羅豐悴全憑水火
辰酉二宮屬金夏令羅星在辰酉守命度者一生
貧窮卯戌二宮屬火冬令孛星麗卯戌或守命度
者男女多淫孛睺爲權要之星女命尤重水火爲
活命之主關係更深
文武並貫美惡相兼恩難雙行窮通交半以恩爲忌
身彭祖而嘆范丹業陶朱而嗟伯道以忌爲難流離

困危疾病顛連以用爲恩安富尊榮聲名赫奕
五曜爲文四餘爲武文武雜局有美有惡恩難雙
收有吉有凶木命以水爲恩冬令遇之則壽而貧
火命以水爲難夏令遇之則富而孤土命以火爲
恩又遇冬令是以恩爲用也故富貴兩全金命以
火爲難又逢夏日是以難爲忌也故身家不保
太乙與羅睺共度初年不利若旁流水曜則憂患方
興太陰與地尾同躔立時見殃倘再曜土星則災危
更甚

太乙孛星也孛羅共度一往一來初年不利若旁照水曜則孛之勢大而憂患更多計月同度固屬不祥若再加土星則計之權重而災危愈甚四餘獨行往來無碍彼此順序而相安若同經混褋順逆難齊則彼此相爭而不讓蓋諸星右旋羅計左旋故也

星名日馬木炁則日星間隔嗣續艱難鬼號金羊土計則金鬼泥濘身家顛沛

木炁最吉之星不作難論然午宮徒有木炁而無

恩用救援則星日間隔陽光遏抑主子息艱難未宮土計能掩太陰如無吉星護衛則鬼金阻塞月魄無光必目盲困頓

劉賁下第橫遭中土之鋒莊子鼓盆坐受西金之尅土星凝滯之氣若當天而橫照一生懷才不遇金曜肅殺之星或正受而高懸主少年有斷絃之嘆旭日獨明于上路所如不偶眼孰回青孤蟾獨燦于中宵觸處成迷心誰吐赤故日月雙收而多助早登雲路以揚名身垣四極之俱空端向山門而寄跡

日月爲我之身命最忌單行有吉星輔佐者年少功名終身富厚若日月孤行又逢四極俱空必孤苦伶仃師巫僧道

是以天中福照七政流恩建極神樞四餘煥彩尊星領袖諸貴莫不趨從帝曜臨垣羣邪自然退避

星曜中天照我頂度恩用福德光餤異常如皇建有極權威巍峨諸曜環親而相顧四餘順助而不敢爲非天有四極一紫微垣在亥二太微垣在午三天市垣在寅四少微垣在酉尊帝二星即木炁

也木號歲星又名福曜主仁慈道德祿壽文章炁名帝曜又曰景星主穎悟英聰逢凶化吉經云木炁當關羣邪自退故木炁兩星選日尤重

逢木火于天市擁金穴以堪誇會金水于太微步玉堂而仰羨紫微奎宿穎秀絕倫少微文昌英明邁俗故日居昴畢水火流瓜瓞之綿綿月宿心房木炁兆簪纓之濟濟

天市垣爲財帛宮冬令木火守之必主大富太微垣爲官祿宮夏令金水守之必主大貴亥爲辰極

之樞、坐奎度者、主出神童、酉爲靑宮翰墨之所、坐胃度者、主生才子、昴爲妻宮房爲命垣、身命有水火木炁坐鎭者、主後嗣蕃衍富而兼貴、世人禀日月而生、日出於卯、月生於酉、故卯爲生人之命、酉爲死者之宮、此果老所定、乃先天之宮命也、若後天宮命、日出於卯、月沒於酉、東西對待、男左女右、故卯爲命宮、酉爲妻宮、亦果老所定、乃後天之宮命、但果老有訣無書、故學者無從考究、偶然漏泄、識者寶之、

身命麗丹天之內、令星趨侍奕世輝煌、日月守黃道之中、恩曜聯鑣芳聲赫濯、倘用星得令、即水浮魯境抱北海之鴻才、若吉曜相隨、縱木打寶瓶、同商山之上壽

丹天是午、又名官祿、黃道、諸星聚會往來之所、身命值之貴者居多、若得恩用輔佐、必名標青史、功垂竹帛、春夏之交、麗戌躔奎、即水泛白羊、文才播於海內、秋冬之月、坐子臨虛、即木打寶瓶、必享期頤之上壽

衆曜環遶而聯繫、調元黃閣、官居廊廟之尊、諸星後擁而前呼、建旐韇門、威鎭邊疆之重、

文曜當天、三垣如蟬聯珠貫、必開黃閣而位三公

武曜當天、後擁前驅、並無雜忌侵犯、必建旌節而居八座、

若夫鳩工甃砌、本山之衰旺宜詳、創造經營、當令之土金莫犯、是以選時選日、自有活潑之眞機、初非時術時書、專守拘墟之曲見、

諸凡興工動作、須擇旺方起手、衰方即煞方也、不

宜動作衰旺乃三元之氣數非三合之生煞也土
金二星不宜侵犯須看天盤上金落於何宮何度
莫犯爲吉如日月到山到向與我無涉須擇此日
此時日月諸星何度何宮化命乘此良時而登穴
復生吉命福蔭後昆此乃活潑潑之陰陽故能鍾
靈毓秀如時書甲乙之生尅乃子平先生推命之
書板煞排算非化育之陰陽故曰拘墟之曲見
造命之法先看日月次察五星必忌難之無侵始
用恩之有據如五星皆馳日月落陷經緯不相對

吉凶躔歧度者、俱不選用、至若守儷朝貫、拱夾交趨、種種格局之不同、宜變化用之、不可拘泥也、蓋天行最健、無瞬息之停、星宿相隨、每因時而轉、以此山之地局、符此刻之天盤、則兩曜凝祥、五星效順、天心允協、陽和護大地之靈、坤道揚休、涵育抒渾天之氣、既山川之盡善、復象緯之無訛、豈云瑞洩苞符、乾坤歸于掌握、庶幾秘開靈鑰、變化出于心裁、不敢自私、用公同志、

附陽宅得一錄

原小序

上海沈爾晟景陽校

陽宅之法十有三家。然言向者必遺門。言門者或遺運。禍福舛錯。毫無定見。是編集諸家之秘旨。定吉凶如觀火。得之者幸勿輕視。

陽基之旨。較陰地更元而應速。予研求數年。未得其要。丙戌歲在武彝。始得眞奥。後以奔走南北。未遑成帙。然持以察人居。驗如枹鼓。因於今秋編次成書。

此卷得之潘潤峰家。惜失作者姓名。雖拘拘于方

位形象之淺近無甚奧義然亦足以爲立向開門
遷室安房之一助故錄以附後于蘭林記

一白貪狼坎
二黑巨門坤
三碧祿存震
四綠文曲巽
五黃廉貞中
六白武曲乾
七赤破軍兑
八白輔星艮
九紫弼星離

附陽宅得一錄

陽宅天元賦

上海沈爾晟景陽校

陽宅僞學亂眞辭皆害志坐山定宅宅既不眞三合論宮宮亦全謬五鬼六害豈皆絕命之方生氣天醫不盡延年之路貪狼巨門高聳未是古星廉貞破軍昂頭詎眞凶曜須識九宮之數始明八宅之眞上元一白爲君震坤夾輔中元四綠居首五六相承七赤統下元艮離襄旺春榮秋落莫尋出運之龍陽往陰來須遇本宮之水正偏曲直惟貴格清廣狹淺深只

求位的形局之模糊猶可方隅之雜亂難言曠野平原端取流神結體關廂村鎮多將衢路分踪城隅倚城爲憑山國傍山立局高樓峻宇嶠星借揷于隣家堰閘橋梁動氣交冲乎轍跡墻籬皆能障蔽竹木亦可攔當總之水爲引氣之神察其來又看兜抱風多吹氣之力性主散須用遮攔噓吸雖辨陰陽化機總歸一局水氣在土膚之上以光相交風氣來虛空之中隨形變影每逢空缺即爲來一遇遮攔便作止辨明來止二氣方識噓吸眞機更論宅神尤多妙用權

衡內外變生吉凶蓋內氣是宅內之方隅外氣是宅外之風水外凶內吉但許小康外吉內凶難除瑕玷此論曠野一家之宅非言城市比屋之居若夫連甍接宇大體先論宅形機括更看門路四方正直備有八宮區闊狹長偏歸二卦一曲須論首尾三灣亦取兩頭曲勢斜形辨此濁彼淸之界兼方合卦知左衰右旺之殊假令震兌几橫搜求二卦艮坤磬式並考兩宮格不一方卦有定理試問關門何地乃知氣入之原細分內室何方始定歸根之蒂門通前後則卦

不一家、室臥居中。則氣收兩合。向兼寅甲、坐襟亥壬、東房富則西房必貧、南枝榮則北枝必萎、欲較門之力量、亦辨宅之形模、方宅四周、門通八卦、如其曲折。難以推移。坤向深沉、離兌二門皆不應、正南重疊、巽坤兩戶總無憑、門若居中、左右截然分氣、戶開傍側、一邊獨領眞情、全憑內路之曲折直長、引伸入室、并審旁門之有無純雜、漏氣奪胎、總之多門不如一門之精專。遠路豈同近路之親切、總門統一家之隆替。房戶係夫婦之安危、惟求領氣爲樞機、細認眞方分順逆、宅大則所招之勢必遠、宅小則所受之氣亦微、改一門頓殊枯菀、移一巷立判灾祥、析屋添房、看取東房西舍、整新換舊、寧知旺位衰方、或此家吉而彼家凶、或昨日興而今日替、吉人趨其景運、薄祚遘其衰時、可不慎歟、夫死者已枯之骨、非歷久而不榮、生人食息之區、隨呼吸而立應、欲求朝瘁暮榮之術、須識移宮換宿之奇、其理甚微、其機甚速、烏可忽諸、

看宅命

看宅體

看坐向

挨輔弼星

陽宅指南

第一要訣看宅命動處乘空寔處靜空邊引氣寔邊收命從來處天然定

第二要訣看宅體端方圓正斯爲美前後脩長蓄氣專若然區闊分途軌

第三要訣看坐向坎離震兌針尖上得乘正卦合天心干支雜亂生魔障

第四要訣輔弼星他宮左右審虛盈輔若虛時地之煞弼虛兩卦受災驚一重輔弼一重福若是重重福

開門引路法

辟門辟路

宅内天井寬曠宜
宅外凹風不宜

添建房屋

不輕有人識得輔弼訣選宅安身事事寧
第五開門引路訣正卦裝門莫偏拽入門之卦宅元
神元神衰旺此中別一門正卦氣無陂前後門通兩
路接更有旁門破卦身縱然旺氣非清潔
既辨門時更辨路內路外路須兼顧路在生方致百
福煞方引路多災禍
宅中天井多寬曠宅外凹風不可當時煞離明更凶
猛休言不見免災殃
添房動作察秋毫不在年神在卦爻吉凶偶然驚煞

宅式層層進

橋梁街市

?

以上均是排宅之法

位傷丁破產不相饒
層層進進說高低莫談福德與天醫只要高低勻且
稱偏陂昂陷不相宜
橋梁衢市最喧闐若在生方反不嫌能知避煞迎生
法轉咎爲祥反掌間
一空三閉是豪家三空一閉亂如麻若通閉裡求空
法立地珍珠滿鹿車
此是單言排宅法不是水神分氣訣若逢臨水又不
同宅氣還憑水氣接宅神寬大好吞波收拾水神無

漏泄我爲指出雙龍格一宅之中分順逆其中趨避有元機八卦看來理如一

巽水迢迢六白龍後湖九紫氣還鍾前宅中元卿相貴下元後宅慶財豐近南爲前宅得巽水力靠北爲後宅得坎池力

此坎巽兩水相交乃一六共宗四九爲友合生成大數潘野鴻註

雙兌交流入震宮碧方眞氣宅居東百二十年朱紫貴祖孫父子受皇封

坎離之水二龍交立宅中間甲第高輪轉三元無

替謝兒孫世世產英豪

離水送至坎坎水灣至離

二水交流是巽乾兩枝花蕊一時鮮運到滿門朱紫貴衰時片瓦不留椽

宅居二水之中向坎

二水離方入坎宮盡頭一宅夾其中雙龍氣脈來相會此宅三元貴不窮

此取父母水雙夾其力量厚而純故主應如此

二水同流坎上來傍南作宅是離胎下元一發如

雷疾兄弟雙雙近鼎台
此亦取父母水雙夾
我爲指出兼龍穴八卦正隅同一訣此中秘密有元機千里毫厘當細別
離宮丙水字兼巳行到中元貴無比下元衰氣四十秋官祿無聞宅半毀終是出掛我不敢知
離宮丁水字兼未行到中元期富貴此宅三元永不衰微微左右分宮位亦出掛然當活看即所謂一節外出掛出外經商之局白丁發足至卯宅坐一灣靠北合生成震坤二水相交故主應如此

四水歸朝會四龍居中作宅是仙宮不分元運時時發瓜瓞綿綿奕葉重。一宅之內循環轉寄語時師須檢點若然地是四隅形坎離震兌格更精下元流水在西南屋近坤方艮氣酣上元旺相在東北屋近艮水二黑足（此局要細參）中元乾巽與中宮三位之中瑞氣濃

門路引氣

朝南之宅正門開此是離宮紫氣來宅深七赤下元旺匾淺中門未足胎

此宅或四五進或六七進受離氣長而門在中則離氣直貫而眞主下元大發若兩三進而有七八間闊則宅形匾淺是受震兌之氣雖開離門于中而內室在東邊間則兼坤氣在西邊間則兼巽氣主下元不發

凡門總要開旺方如下元之六七八九門皆在旺方若臨水則又要開衰門如下元之一二三四方皆衰門也總之有水開衰無水開旺 潘野鴻註

離門中道路重重直引離風至寢宮此宅下元多旺氣更無瑕玷損春容

正門離上路偏東轉入深閨巽氣濃下元家道雖然旺閨內須防災病重

離門兩路夾東西並引離風兩不倚只要宅深收氣足下元此宅發無疑

凡開門總要合向合運如下元之六七八九向即開正中之門若一白向則應開六乾門二黑向應開七兌門三碧向應開八艮門四綠向應開九紫門此合生成之數大吉之旺門也 潘野鴻註

屋向西南宅艮坤門開左畔是離神只要宅方眞紫氣若然深杳作坤論

如坐艮向坤開離門固是下元之旺門若宅形深長則坤氣深離氣淺下元難發南首左路猶

可如走西首右路全非。

凡宅內之路宜走旺方如下元之六七八九皆旺路也然亦看橫過竪頭此宅之左路是九巽向之右路亦是九離氣雖偏而靠離走路尚帶離氣故云猶可

屋向東南宅巽乾開門右畔紫風宣亦取宅方與七運如逢深遠綠宮全

巽向開離門乃合四九生成之數下元大吉如宅形修長終帶巽氣而離氣偏下元亦只平平若走南首右路猶可如走東首左路全非

前門坤位後門坎兩氣俱從一路轉上中鼎盛不須言行到下元行一半此宅形畧長

正門離九便門三、此宅元元失正垣、只有分房親切處、一枝花發一枝寒、此宅形亦長

前門離位後門艮、兩氣俱從七赤進、下元無數錦添花、行到上元君莫問、

一宅修長正向南、兩門前後對相穿、只看內房何處住、三元衰旺有多般、房居前帶興中上、後帶爲房利下元、此是移宮變氣法、逐元移住始安然、

東北分明門在艮、如何下元終不應、只緣此宅東西濶、門變甲方常守困、

四隅之宅艮坤長前後通門兩口張亦取內房分旺替移宮換氣不尋常下元端的居坤位中上深閨在艮

亦言深長之宅居前者在左則受兌氣在右則受離氣故下元吉居後者在右受震氣在左則受坎氣故利上元

七赤元中門在坤如何此宅少災迍只因間架東西闊兌氣綿長仇變恩

此宅闊短門雖坤宦變兌

朝南之宅兌門清如何下元終不興只爲內房多在

後門兼坤氣不分明

此是兌兼庚若兼辛則受兌氣矣

一樣兌門宅正方如何此宅比彼强只爲面西房在震兌來清切少參商

兌宅之門南北長漫說朝西七赤強必定內房偏左右乾坤夾帶氣周章

靠南左居者變乾下元吉偏右居北者變坤上元利

此宅朝南門正西下元於此露清奇只因宅相東西闊內屋迢迢兌氣齊

分房變氣

共宅同門地勢偏一林花木各時鮮只緣門路宮宮變細把青囊理數研中架居中離氣正下元方得喜便便東左變坤一白發西房變巽發中元八宅依此論衰旺此訣分房是的傳

居于東左則離變坤居于西右則離變巽

宅相

陽基形勢貴裁量僕妾兒孫各有房一步一星隨地變門窗衢路要推詳天光落處看風色此事精微莫

顯揚一宅之中災福異管生管死在微茫

陽宅圖　三元

大水一束則氣淸小水一環則氣萃外洋光照內脉收藏吉而悠久

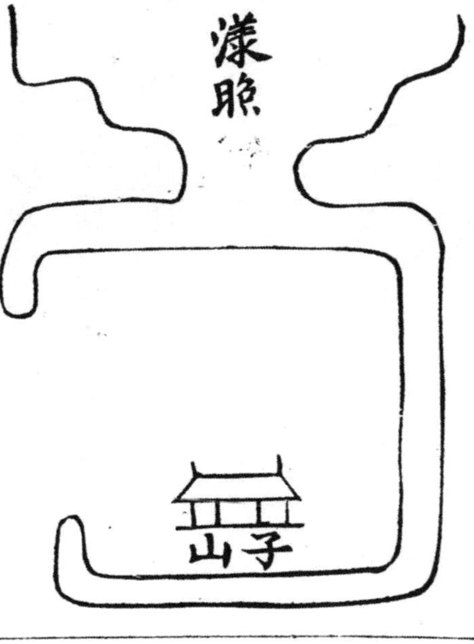

三元

離宮丁水曲向未三面兜收氣凝聚此宅三元永不衰微微左右分宮位

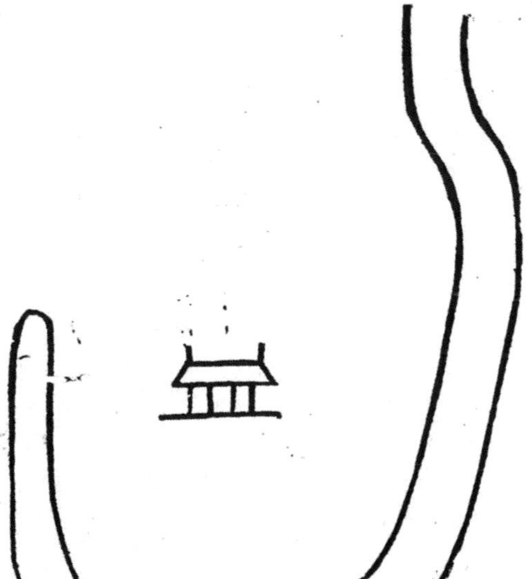

上元

午丁之水兩邊通。向水安居氣象雄。一到上元能荐福。下元九紫略嫌冲。

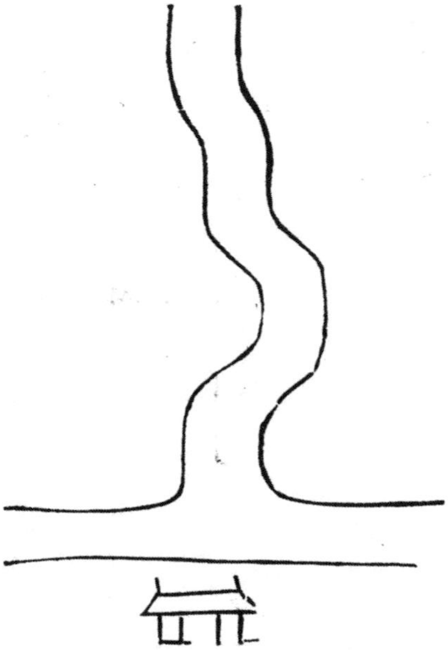

上元

離方九曲似龍蟠。此局光通列宿垣。建宅三元毋破損。三槐九棘冠朝班。

中元上

大水汪洋映在乾
支流曲曲又相牽
到得中元居此宅
珍珠滿斗錦衣鮮

中元下

巽宮曲曲見文星
宅若迎之六白清
此是中元得氣地
少年鼎甲掌絲綸

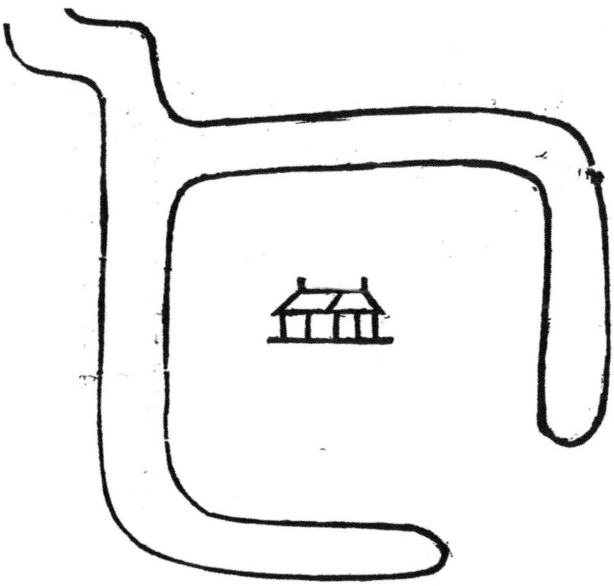

下元

震水支流曲尺來源頭盡脈宅
堪裁下元七赤尤居首一發驚
人响似雷

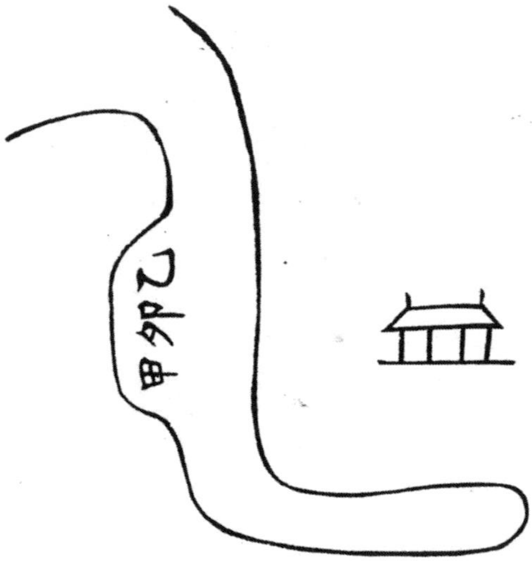

下元

巽水瀠洄注坎方離宮立宅下元
艮縱然白屋寒門第一旦聲名四
海揚

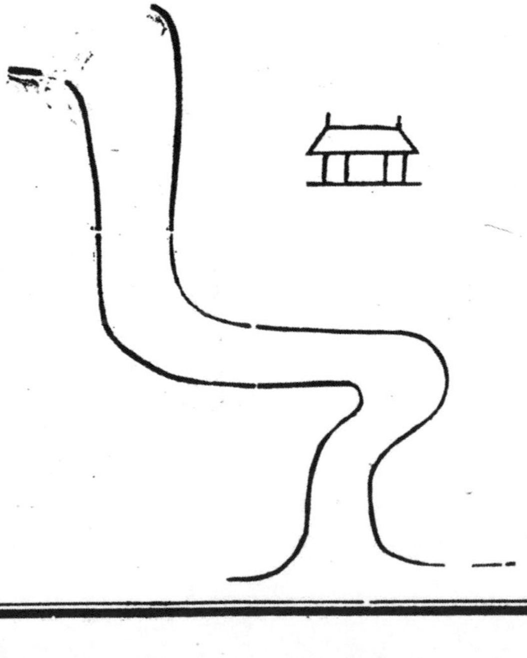

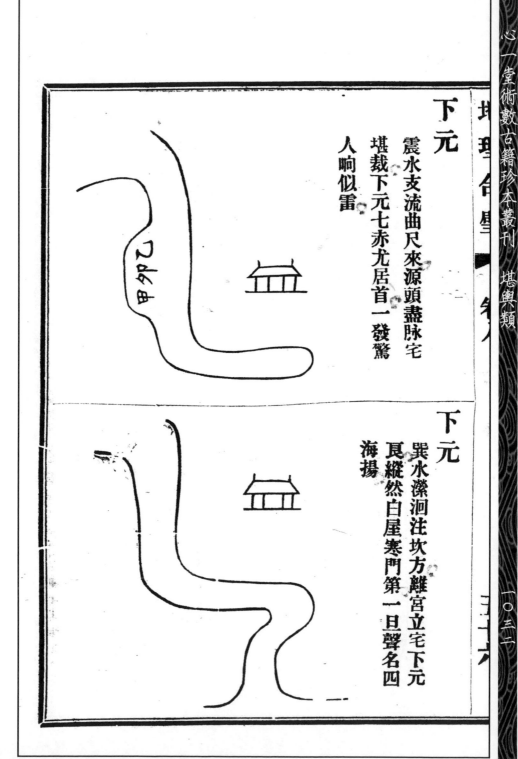

水近光大風遠力微從水斷

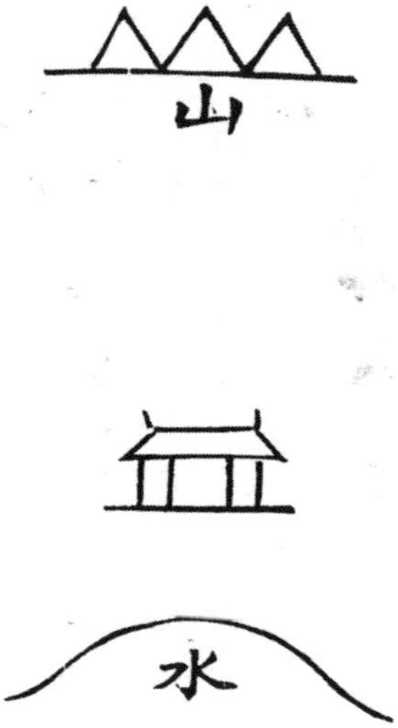

傍城立局論宅法

城上一路巽方圍萬戶千門乾氣歸
若是中元居此宅門前車馬日駢駢

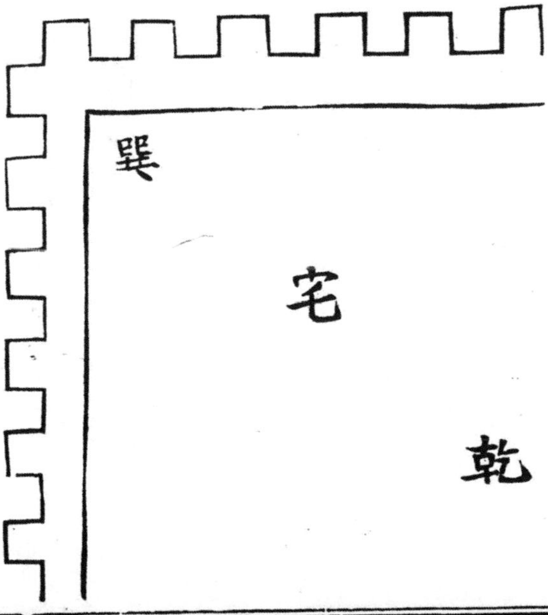

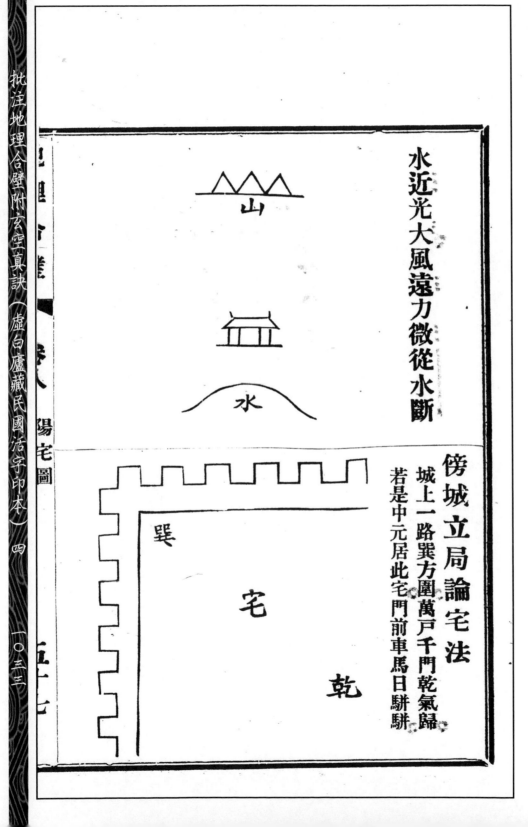

下元

屈曲街衢密密封西南兜緊不通風
住宅正當坤角上氣鍾八白下元龍

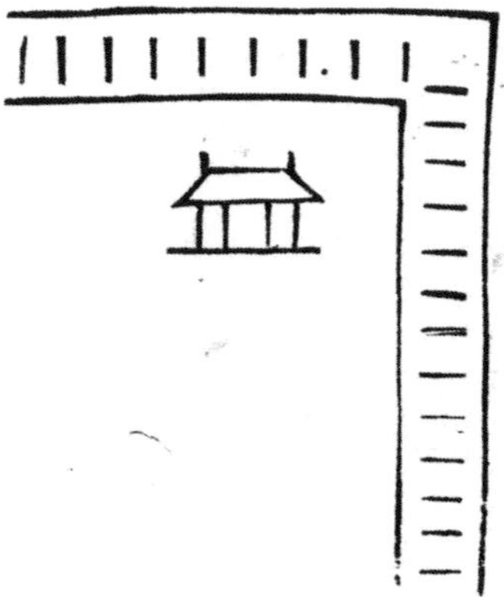

橋梁論宅法　下元

木石橋梁壓在離莫言朱雀有災危
當門冲激龍神動若在下元事事宜

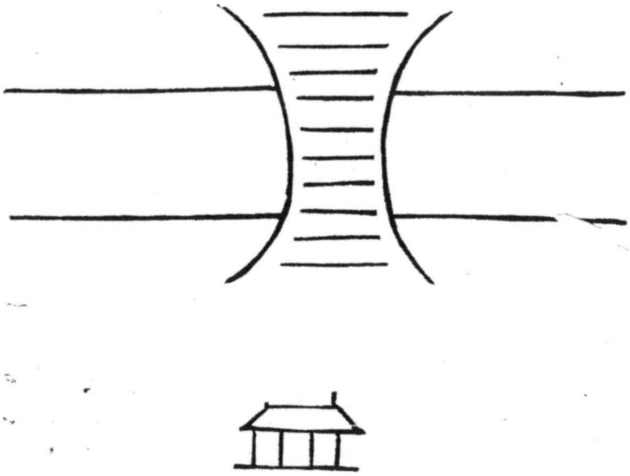

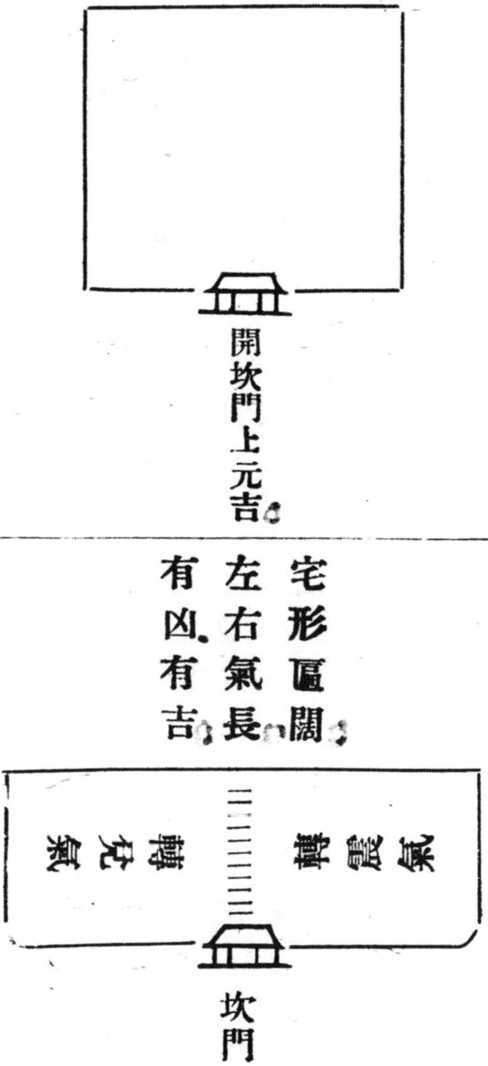
開坎門上元吉
宅形區闊
左右氣長
有凶有吉
轉震氣
轉兌氣
坎門

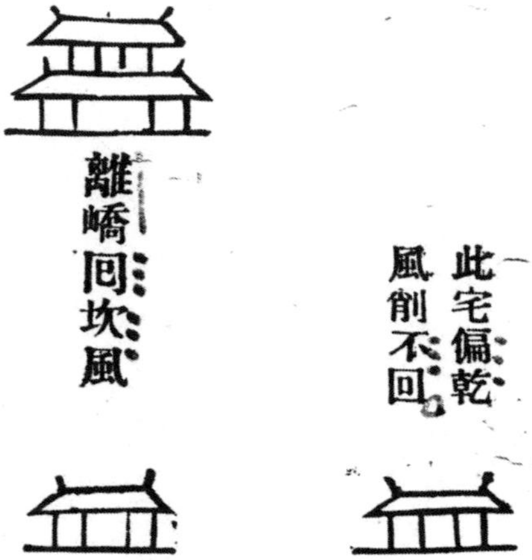
此宅偏艮風削不回

蘭林按此處當活看近則氣偪遠則氣來有毫厘千里之別

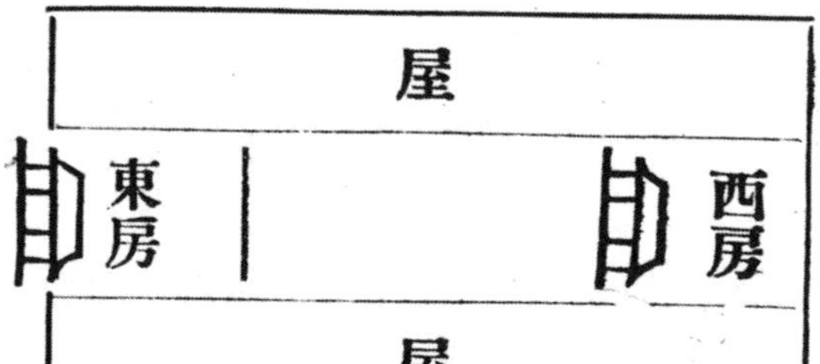
屋

東西兩房俱開卯門但東房背有天井長而且大則門上所收之卯氣不敵背後所冲之兑風矣西房上元全吉

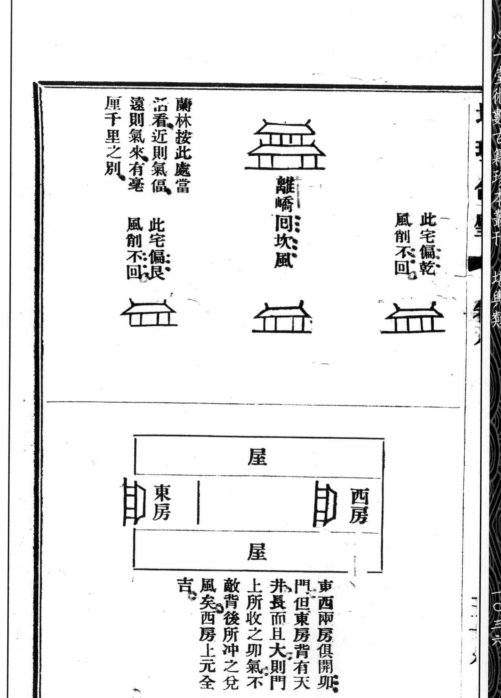

共宅同門各變烟一林荆桂各時鮮只緣門路宮宮變莫説青囊理有偏長房居中離氣正下元方得喜便便次房變坤一白發季房巽發變中元

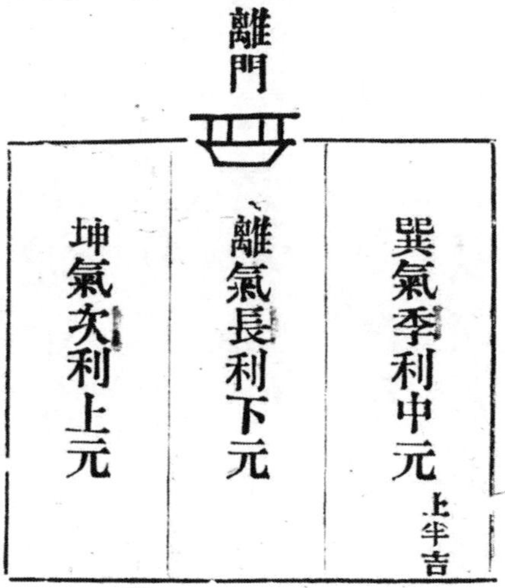

兌門節節宅形長此宅中元本不艮只爲東南伸一足變成乾氣慶安康內房居巽尤爲吉財祿人丁事事强

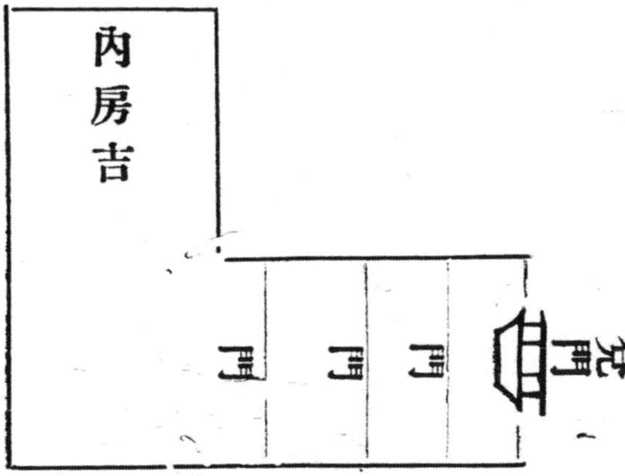

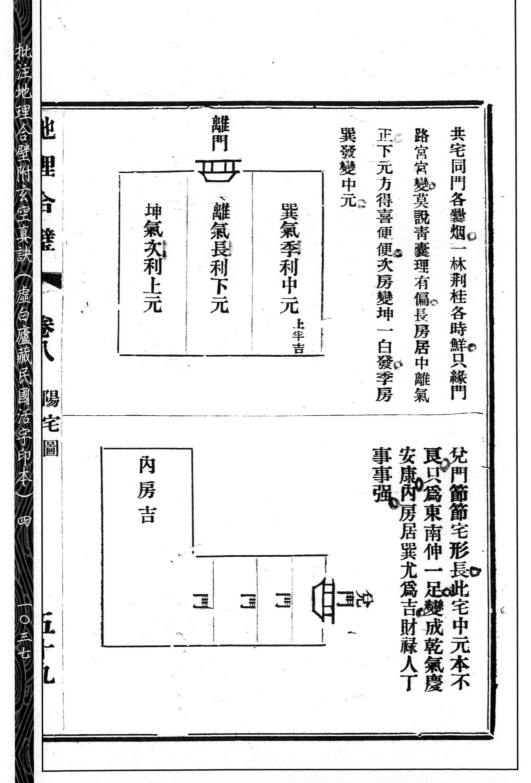

以上數圖不過舉一以例其餘又移步換形正不必拘泥迹象反成鈍置

地理作法本屬活變而陽宅尤甚蓋都邑市鎮其大形大勢已成結氣之地其中方平一片氣厚則地大氣薄則地小千門萬戶安所得家家近水而倚之以立宅哉故全藉門風路氣等以上接天氣下收地氣層層引進隨時分應以定吉凶然而並非死板之法斷不可拘泥形迹即如同一門也開離門為受地之離氣下元吉此就離方無水則然

若遇離方有水近水開離門則又收水之旺氣上元吉矣同一墻也如朝南當面有墻太近而高偪則受坎風若遠而舒坦則坎風漸變爲離氣矣此迴風返氣之不同也同一路也曲折而來朝則爲來氣若横過者又爲界氣矣同一嶠也偪近而太高者無論吉凶之方俱爲煞氣若自遠疊疊而整齊者又爲來氣矣同一隅空也方整平坦者爲來氣若墻尖屋角歪斜漏風無論吉凶之方俱受凹風煞氣矣總之千變萬化無一定之成迹惟在心

目靈巧有以迎受趨避之而已蘭林
近來所印書籍舛錯極多故有勘誤附後余有
鑒於此因懇親友反覆詳校似此或有失檢亮
亦不多毋庸勘誤矣閱者諒之

每部實價大洋六元

周同纘子緒
王銓濟巨川 校字
沈爾晟景陽

地理合璧卷八終

占筮類			
1	擲地金聲搜精秘訣	心一堂編	沈氏研易樓藏稀見易占秘鈔本
2	卜易拆字秘傳百日通	心一堂編	
3	易占陽宅六十四卦秘斷	心一堂編	火珠林占陽宅風水秘鈔本
星命類			
4	斗數宣微	【民國】王裁珊	民初最重要斗數著述之一；未刪改本
5	斗數觀測錄	【民國】王裁珊	失傳民初斗數重要著作
6	《地星會源》《斗數綱要》合刊	心一堂編	失傳的第三種飛星斗數
7	《斗數秘鈔》《紫微斗數之捷徑》合刊	心一堂編	珍稀「紫微斗數」舊鈔秘本
8	斗數演例	心一堂編	
9	紫微斗數全書（清初刻原本）	題【宋】陳希夷	斗數全書本來面目；有別於錯誤極多的坊本
10－12	鐵板神數（清刻足本）——附秘鈔密碼表	題【宋】邵雍	無錯漏原版秘鈔密碼表　首次公開！
13－15	蠢子數纏度	題【宋】邵雍	蠢子數連密碼表打破數百年秘傳　首次公開！
16－19	皇極數	題【宋】邵雍	清鈔孤本附起例及完整密碼表研究神數必讀！
20－21	邵夫子先天神數	題【宋】邵雍	附手鈔密碼表研究神數必讀！
22	八刻分經定數（密碼表）	題【宋】邵雍	皇極數另一版本；附手鈔密碼表
23	新命理探原	【民國】袁樹珊	子平命理必讀教科書！
24－25	袁氏命譜	【民國】袁樹珊	
26	韋氏命學講義	【民國】韋千里	民初二大命理家南袁北韋
27	千里命稿	【民國】韋千里	
28	精選命理約言	【民國】韋千里	北韋之命理經典
29	滴天髓闡微——附李雨田命理初學捷徑	【民國】袁樹珊、李雨田	命理經典未刪改足本
30	段氏白話命學綱要	【民國】段方	民初命理經典最淺白易懂
31	命理用神精華	【民國】王心田	學命理者之寶鏡

編號	書名	作者	說明
32	命學探驪集	【民國】張巢雲	發前人所未發
33	澹園命談	【民國】高澹園	稀見民初子平命理著作
34	算命一讀通——鴻福齊天	【民國】不空居士、覺先居士合纂	
35	子平玄理	【民國】施惕君	
36	星命風水秘傳百日通	心一堂編	
37	命理大四字金前定	題【晉】鬼谷子王詡	源自元代算命術
38	命理斷語義理源深	心一堂編	稀見清代批命斷語及活套
39-40	文武星案	【明】陸位	失傳四百年《張果星宗》姊妹篇　千多星盤命例　研究命學必備
相術類			
41	新相人學講義	【民國】楊叔和	失傳民初白話文相術書
42	手相學淺說	【民國】黃龍	民初中西結合手相學經典
43	大清相法	心一堂編	重現失傳經典相書
44	相法易知	心一堂編	
45	相法秘傳百日通	心一堂編	
堪輿類			
46	靈城精義箋	【清】沈竹礽	
47	地理辨正抉要	【清】沈竹礽	沈氏玄空遺珍
48	《玄空古義四種通釋》《地理疑義答問》合刊	沈瓞民	玄空風水必讀
49	《沈氏玄空吹虀室雜存》《玄空捷訣》合刊	【民國】申聽禪	
50	漢鏡齋堪輿小識	【民國】查國珍、沈瓞民	
51	堪輿一覽	【清】孫竹田	失傳已久的無常派玄空經典
52	章仲山挨星秘訣（修定版）	【清】章仲山	章仲山無常派玄空珍秘
53	臨穴指南	【清】章仲山	門內秘本首次公開
54	章仲山宅案附無常派玄空秘要	心一堂編	沈竹礽等大師尋覓一生未得之珍本！
55	地理辨正補	【清】朱小鶴	玄空六派蘇州派代表作
56	陽宅覺元氏新書	【清】元祝垚	簡易・有效・神驗之玄空陽宅法
57	地學鐵骨秘　附　吳師青藏命理大易數	【民國】吳師青	釋玄空廣東派地學之秘
58-61	四秘全書十二種（清刻原本）	【清】尹一勺	玄空湘楚派經典本來面目　有別於錯誤極多的坊本

62	地理辨正補註　附　元空秘旨　天元五歌　玄空精髓　心法秘訣等數種合刊	【民國】胡仲言	貫通易理、巒頭、三元、三合、天星、中醫
63	地理辨正自解	【清】李思白	公開玄空家「分率尺、工部尺、量天尺」之秘
64	許氏地理辨正釋義	【民國】許錦灝	民國易學名家黃元炳力薦
65	地理辨正天玉經內傳要訣圖解	【清】程懷榮	秘訣一語道破，圖文并茂
66	謝氏地理書	【民國】謝復	玄空體用兼備、深入淺出
67	論山水元運易理斷驗、三元氣運說附紫白訣等五種合刊	【宋】吳景鸞等	失傳古本《玄空秘旨》《紫白訣》
68	星卦奧義圖訣	【清】施安仁	
69	三元地學秘傳	【清】何文源	
70	三元玄空挨星四十八局圖說	心一堂編	三元玄空門內秘笈　清鈔孤本 過去均為必須守秘不能公開秘密 與今天流行飛星法不同
71	三元挨星秘訣仙傳	心一堂編	
72	三元地理正傳	心一堂編	
73	三元天心正運	心一堂編	
74	元空紫白陽宅秘旨	心一堂編	
75	玄空挨星秘圖　附　堪輿指迷	心一堂編	
76	姚氏地理辨正圖說　附　地理九星并挨星真訣全圖　秘傳河圖精義等數種合刊	【清】姚文田等	
77	元空法鑑批點本——附　法鑑口授訣要、秘傳玄空三鑑奧義匯鈔　合刊	【清】曾懷玉等	蓮池心法　玄空六法 門內秘鈔本首次公開
78	元空法鑑心法	【清】曾懷玉等	
79	曾懷玉增批蔣徒傳天玉經補註【新修訂版原（彩）色本】	【清】項木林、曾懷玉	
80	地理學新義	【民國】俞仁宇撰	
81	地理辨正揭隱（足本）　附連城派秘鈔口訣	【民國】王邈達	揭開連城派風水之秘
82	趙連城傳地理秘訣附雪庵和尚字字金	【明】趙連城	
83	趙連城秘傳楊公地理真訣	【明】趙連城	
84	地理法門全書	仗溪子、芝罘子	巒頭風水，內容簡核、深入淺出
85	地理方外別傳	【清】熙齋上人	巒頭形勢、「望氣」「鑑神」
86	地理輯要	【清】余鵬	集地理經典之精要
87	地理秘珍	【清】錫九氏	巒頭、三合天星，圖文並茂
88	《羅經舉要》附《附三合天機秘訣》	【清】賈長吉	清鈔孤本羅經、三合訣法圖解
89-90	嚴陵張九儀增釋地理琢玉斧巒	【清】張九儀	清初三合風水名家張九儀經典清刻原本！

占筮類			
121	卜易指南(二種)	【清】張孝宜	民國經典，補《增刪卜易》之不足
122	未來先知秘術——文王神課	【民國】張了凡	內容淺白、言簡意賅、條理分明
星命類			
123	人的運氣	汪季高(雙桐館主)	五六十年香港報章專欄結集！
124	命理尋源	【民國】徐樂吾	民國三大子平命理家徐樂吾必讀經典！
125	訂正滴天髓徵義		
126	滴天髓補註 附 子平一得		
127	窮通寶鑑評註 附 增補月談賦 四書子平		
128	古今名人命鑑		
129-130	紫微斗數捷覽(明刊孤本)[原(彩)色本] 附 點校本 (上)(下)	馮一、心一堂術數古籍整理編校小組 整理	明刊孤本 首次公開！
131	命學金聲	【民國】黃雲樵	民國名人八字、六壬奇門推命
132	命數叢譚	【民國】張雲溪	子平斗數共通、百多民國名人命例
133	定命錄	【民國】張一蟠	民國名人八十三命例詳細生平
134	《子平命術要訣》《知命篇》合刊	【民國】鄒文耀、【民國】胡仲言 撰	《子平命術要訣》科學命理；《知命篇》易理皇極、命理地理、奇門六壬互通
135	科學方式命理學	閻德潤博士	匯通八字、中醫、科學原理！
136	八字提要	韋千里	民國三大子平命理家韋千里必讀經典！
137	子平實驗錄	【民國】孟耐園	作者四十多年經驗 占卜奇靈 名震全國！
138	民國偉人星命錄	【民國】囂囂子	幾乎包括所民初總統及國務總理八字！
139	千里命鈔	韋千里	失傳民初三大命理家-韋千里 代表作
140	斗數命理新篇	張開卷	現代流行的「紫微斗數」內容及形式上深受本書影響
141	哲理電氣命數學——子平部	【民國】彭仕勛	命局按三等九級格局、不同術數互通借用
142	《人鑑——命理存驗・命理擷要》(原版足本)附《林庚白家傳》	【民國】林庚白	傳統子平學修正及革新、大量名人名例
143	《命學苑苑刊——新命》(第一集)附《名造評案》《名造類編》等	【民國】林庚白、張一蟠等撰	史上首個以「唯物史觀」來革新子平命學結集
相術類			
144	中西相人探原	【民國】袁樹珊	按人生百歲，所行部位，分類詳載
145	新相術	【美國】李拉克福原著、【民國】沈有乾編譯	通過觀察人的面相身形、色澤舉止等，得知性情、能力、習慣、優缺點等
146	骨相學	【民國】風萍生編著	結合醫學中生理及心理學，影響近代西、日、中相術深遠
147	人心觀破術 附運命與天稟	【日本】管原如庵、加藤孤雁原著，【民國】唐真如譯	觀破人心、運命與天稟的奧妙

148	《人相學之新研究》《看相偶述》合刊	盧毅安	集中外大成，無不奇驗；影響近代香港相術名著
149	冰鑑集	【民國】碧湖鷗客	各家相法精華、相術捷徑、圖文並茂附名人照片
150	《現代人相百面觀》《相人新法》合刊	【民國】吳道子輯	失傳民初相學經典二種 重現人間！
151	性相論	【民國】余晉龢	民初北平公安局專論相學與犯罪專著（犯罪學生物學派）
152	《相法講義》《相理秘旨》合刊	韋千里、孟瘦梅	命理學大家韋千里經典、傳統相術秘籍精華
153	《掌形哲學》附《世界名人掌形》《小傳》	【民國】余萍客	圖文并茂、附歐美名人掌形圖及生平簡介
154	觀察術	【民國】吳貴長	可補充傳統相術之不足
堪輿類			
155	羅經消納正宗	【明】沈昇撰、【明】史自成、丁孟章合纂	失傳四庫存目珍稀風水古籍
156	風水正原	【清】余天藻	●●積德為求地之本，形家必讀！●純宗形家，與清代欽天監地理風水主張大致相同
157	安溪地話（風水正原二集）		
158	《蔣子挨星圖》附《玉鑰匙》	傳【清】蔣大鴻等	窺知無常派章仲山一脈真傳奧秘
159	樓宇寶鑑	吳師青	陽宅風水必讀、現代城市樓宇風水看法改革
160	《香港山脈形勢論》《如何應用日景羅經》合刊		香港風水山脈形勢專著
161	三元真諦稿本——讀地理辨正指南	【民國】王元極	被譽為蔣大鴻、章仲山後第一人內容直接了當，盡揭三元玄空家之秘
162	三元陽宅萃篇		
163	王元極增批地理冰海 附批點原本地理冰海	【清】高守中【民國】王元極	
164	地理辦正發微	【清】唐南雅	極之清楚明白，披肝露膽
165-167	增廣沈氏玄空學 附 仲山宅斷秘繪稿本三種、自得齋地理叢說稿鈔本（上）（中）（下）	【清】沈竹礽	玄空必讀經典！附《仲山宅斷》幾種鈔本及批點本，畫龍點晴、披肝露膽，道中刊印本未點破的秘訣
168-169	巒頭指迷（上）（下）	【清】尹貞夫原著、【民國】何廷珊增訂、批注	圖文并茂：龍、砂、穴、水、星辰九十九變泄漏天機：蔣大鴻、賴布衣挨星秘訣及用法
170-171	三元地理真傳（兩種）（上）（下）	【清】趙文鳴	蔣大鴻嫡派真傳張仲馨一脈二十種家傳秘本、宅墓案例三十八圖，並附天星擇日
172	三元宅墓圖 附 家傳秘冊		
173	宅運撮要	【民國】尤惜陰（演本法師）、榮柏雲	撮三集《宅運新案》之精要
174	章仲山秘傳玄空斷驗筆記 附 章仲山斷宅圖註	【清】章仲山傳、【清】唐鷺亭纂	無常派玄空不外傳秘中秘！二宅實例有斷驗及改造內容
175	汪氏地理辨正發微 附 地理辨正真本	【清】蔣大鴻、姜垚原著、【清】汪云吾發微	蔣大鴻嫡派張仲馨一脈三元理、法、訣具體泄露
176	蔣大鴻家傳歸厚錄汪氏圖解	【清】蔣大鴻、【清】汪云吾圖解	
177	蔣大鴻嫡傳三元地理秘書十一種批注	【清】蔣大鴻原著、【清】汪云吾、【清】劉樂山註	三百年來最佳《地理辨正》註解！石破天驚！

178	《星氣(卦)通義(蔣大鴻秘本四十八局圖并打劫法)》《天驚秘訣》合刊	題【清】蔣大鴻 著	江西興國真傳三元風水秘本
179	蔣大鴻嫡傳天心相宅秘訣全圖附陽宅指南等秘書五種	【清】蔣大鴻編訂、【清】汪云吾、劉樂山註	蔣大鴻徒張仲馨秘傳陽宅風水「教科書」！
180	家傳三元地理秘書十三種		真天宮之秘　千金不易之寶
181	章仲山門內秘傳《堪輿奇書》附《天心正運》	【清】章仲山傳、【清】華湛恩	直洩無常派章仲山玄空風水不傳之秘
182	《挨星金口訣》、《王元極增批補圖七十二葬法訂本》合刊	[民國]王元極	秘中秘——玄空挨星真訣公開！字字千金！
183-184	《家傳三元古今名墓圖集附謝氏水鉗》《蔣氏三元名墓圖集》合刊(上)(下)	(清)孫景堂，劉樂山，張稼夫	蔣大鴻嫡傳風水宅案、幕講師、蔣大鴻、姜垚等名家多個實例，破禁公開！
185-186	《山洋指迷》足本兩種　附《尋龍歌》(上)(下)	【明】周景一	風水巒頭形家必讀《山洋指迷》足本！
187-196	蔣大鴻嫡傳水龍經注解　附　虛白廬藏珍本水龍經四種(1-10)	【清】蔣大鴻編訂、【清】楊臥雲、汪云吾、劉樂山註	蔣大鴻嫡傳一脈授徒秘笈　希世之寶 千年以來，師師相授之秘旨，破禁公開！ 完整了解蔣氏嫡派真傳一脈三元理、法、訣！ 附已知最古《水龍經》鈔本等五種稀見《水龍經》
197	批注地理辨正直解		
198	《天元五歌闡義》附《元空秘旨》(清刻原本)	【清】章仲山	無常派玄空必讀經典未刪改本！
199	心眼指要(清刻原本)		
200	華氏天心正運	【清】華湛恩	
201-202	批注地理辨正再辨直解合編(上)(下)	【清】蔣大鴻原著、【清】姚銘三再註、【清】章仲山直解	失傳姚銘三玄空經典重現人間！ 名家：沈竹礽、王元極推薦！
203	章仲山注《玄機賦》《元空秘旨》附《口訣中秘訣》《因象求義》等九種合刊	【清】章仲山	近三百年來首次公開！　章仲山無常派玄空秘密，和盤托出！ 章仲山注《玄機賦》及章仲山原傳之口訣及筆記
204	章仲山門內真傳《三元九運挨星篇》《運用篇》《挨星定局篇》《口訣篇》等合刊	【清】章仲山、柯遠峰等	
205	章仲山門內真傳《大玄空秘圖訣》《天驚訣》《飛星要訣》《九星斷略》《得益錄》等合刊	【清】章仲山、冬園子等	
206	撼龍經真義	吳師青註	近代香港名家吳師青必讀經典
207	章仲山嫡傳《翻卦挨星圖》《秘鈔元空秘旨》　附《秘鈔天元五歌闡義》	【清】章仲山傳、【清】王介如輯撰	透露章仲山家傳玄空嫡傳學習次弟及關鍵不傳之秘
208	章仲山嫡傳秘鈔《秘圖》《節錄心眼指要》合刊		
209	《談氏三元地理大玄空實驗》附《談養吾秘稿奇門占驗》	【民國】談養吾撰	史上首次公開「無常派」下卦起星等挨星秘密之書
210	《談氏三元地理濟世淺言》附《打開一條生路》		了解談氏入世的易學卦德爻象思想
211-215	《地理辨正集註》附《六法金鎖秘》《巒頭指迷真詮》《作法雜綴》等(1-5)	【清】尋綠居士	集《地理辨正》一百零八家註解大成精華 匯巒頭及蔣氏、六法、無常、湘楚等秘本 史上最大篇幅的《地理辨正》註解
216	三元大玄空地理二宅實驗(足本修正版)	【民國】尤惜陰(演本法師)、榮柏雲撰	三元玄空無常派必讀經典足本修正版

217	蔣徒呂相烈傳《幕講度針》附《元空秘斷》《陰陽法竅》《挨星作用》	【清】呂相烈	蔣大鴻門人呂相烈三元秘本三百年來首次破禁公開！
218	挨星撮要（蔣徒呂相烈傳）		
219-221	《沈氏玄空挨星圖》《沈註章仲山宅斷未定稿》《沈氏玄空學（四卷原本）》合刊（上中下）	【清】沈竹礽　等	揭開沈氏玄空挨星五行吉凶斷的變化及不同用法 章仲山宅斷未刪本、沈氏玄空學原本佚文、玄空挨星圖稿鈔本 大公開！
222	地理穿透真傳（虛白廬藏清初刻原本）	【清】張九儀	三合天星家宗師張九儀畢生地學精華結集
223-224	地理元合會通二種（上）（下）	【清】姚炳奎	分發兩家（三元、三合）之秘，會通其用詳解注羅盤（蔣盤、賴盤）；義理、斷驗俱精
其他類			
225	天運占星學 附 商業周期、股市粹言	吳師青	天星預測股市，神準經典
226	易元會運	馬翰如	《皇極經世》配卦以推演世運與國運
三式類			
227	大六壬指南（清初木刻五卷足本）		六壬學占驗課案必讀經典海內善本
228-229	甲遁真授秘集（批注本）（上）（下）	【清】薛鳳祚	明清皇家欽天監秘傳奇門遁甲 奇門、易經、皇極經世結合經典
230	奇門詮正	【民國】曹仁麟	簡易、明白、實用，無師自通！
231	大六壬探源	【民國】袁樹珊	民初三大命理家袁樹研究六壬四十餘年代表作
232	遁甲釋要	【民國】徐昂	推衍遁甲、易學、洛書九宮大義！
233	《六壬卦課》《河洛數釋》《演玄》合刊		疏理六壬、河洛數、太玄隱義！
234	六壬指南（【民國】黃企喬）	【民國】黃企喬	失傳經典 大量實例
選擇類			
235	王元極校補天元選擇辨正	原【清】謝少暉輯、【民國】王元極校補	三元地理天星選日必讀
236	王元極選擇辨真全書 附 秘鈔風水選擇訣	【民國】王元極	王元極天昌館選擇之要旨
237	蔣大鴻嫡傳天星選擇秘書注解三種	【清】蔣大鴻編訂、【清】楊臥雲、汪云吾、劉樂山註	蔣大鴻陰陽二宅天星擇日日課案例！
238	增補選吉探源	【民國】袁樹珊	按表檢查，按圖索驥：簡易、實用！
239	《八風考略》《九宮撰略》《九宮考辨》合刊	沈瓞民	會通沈氏玄空飛星立極、配卦深義
其他類			
240	《中國原子哲學》附《易世》《易命》	馬翰如	國運、世運的推演及預言